한국의 장기 미제 11

한국의 장기 미제 11

한국일보 경찰팀 지음

북콤마

평범한 이웃이자 사회적 약자인 범죄 피해자들을 생각한다

정용선 세한대 교수(전 경기지방경찰청장)

20여 년 전 살인 사건 현장에서 남편을 잃은 새댁이 갓난아이를 안고 하염없이 울기만 하는 모습을 보았습니다. 당장이라도 범죄자를 체포해 새댁 앞에 무릎 꿇리고 싶은 마음이 간절했습니다. 형사들과 수많은 밤을 지새워가며 사건을 해결할 단서를 찾기 위해 노력했지만, 범인이 누구인지 알 수 없거나 그 행방이 오리무중일 때도 있었습니다. 〈모든 범죄는 흔적을 남긴다〉는 독일 법의학자 마르크 베네케Mark Benecke의 저서처럼, 형사들이 눈을 부릅뜨고 온 힘을 다한다면 반드시 범죄자가 검거되어야 할 텐데, 현실은 교과서처럼 흘러가지 않았습니다.

일선 경찰서의 형사과장으로, 지방경찰청의 수사과장으로, 경찰청의 수사국장으로 근무하면서 미치도록 범인을 검거하고 싶을 때 다른 부서의 동료들이 "수사가 잘되어가냐?"고 묻는 것조차 고맙기보다는 마음(자존심?)이 상할 정도로 수사력의 한계에 가슴 치며 울고 싶던 시절도 있었습니다. 고인이 된 피해자와 유가족들에게 가져야 하는 죄송한 마음의 빚과 범죄자를 향한 분노는 필설로 표현하기조차 어려운 고통이었습니다.

〈한국의 장기 미제 11〉 원고를 접하니 다시금 그때의 기억이 생생해집니다. 당시 동료들이 흘린 땀이 무용지물이 되어버린 이유는 무엇이었는지 되돌아보게 되고, 안타까운 피해자 가족들을 좀 더 체계적으로 지원해드리지 못한 데 대한 깊은 아쉬움도 남습니다.

대한민국 경찰은 2013년부터 2017년까지의 5년 동안 살인 사건 검거율이 98퍼센트를 기록할 정도로 강력 사건 검거율은 세계 최고 수준을 유지하고 있습니다. 하지만 살인을 비롯한 강력 사건이 범죄 피해자는 물론 그 가족과 주변 사람에게 미치는 파괴적인 후유증을 고려해볼 때 높은 검거율에 만족할 수 없고 만족해서도 안 될 것입니다.

〈한국의 장기 미제 11〉에 소개된 11건의 사건을 살펴보면 피해자가 택시기사, 식당 운영자, 보육교사, 여고생, 초등학생 등 국가로부터 보호받아야 할 평범한 우리의 이웃이자 사회적 약자들이었습니다. 그분들이 범죄 피해자가 된 것은 본인들의 잘못이라기보다는 어쩌면 그분들을 제대로 지켜주지 못한 우리의 소홀함과 부족함이었는지 모릅니다. 범죄는 개인적인 잘못이 아닌 사회 현상이 투영된 것이라는 20세기의 지성 에밀 뒤르켐의 말처럼, 이제는 사회 공동체가 범죄를 예방하기 위해 함께 노력하고 범죄 피해자에게도 보호와 위로의 손길을 내밀어야 하는 것입니다.

한국일보에서 출간하는 〈한국의 장기 미제 11〉 원고를 접하고 적잖이 놀랐습니다. 언론에서는 자칫 범죄를 피상적으로 다루기 쉬운데, 개별 사건을 다각적이고 심층적으로 분석하고 있어서 우리 사회는 물론 경찰에게도 묵직한 울림을 전해주게 될 것입니다. 모쪼록 이 책을 접하는 독자가 우리 사회가 함께 감소 내지 근절시켜야 할 대상으로서의 '범죄'를 새롭게 인식하고, 그 해법을 함께 모색하는 계기가 되기를 바랍니다. 현장 경찰관들에게도 과학수사 역량을 한층 업그레이드하는 자극제가 되기를 기대해봅니다. 밝고 건강한 사회를 이룩하고자 하는 한국일보의 탐구 정신과 시선이 앞으로도 우리 사회의 어두운 곳을 찾아 밝히고 개선하는 데 더욱 큰 역할을 담당하게 될 것이라고 믿습니다.

끝으로 '완전범죄는 없다'는 신념하에 부여된 임무 수행을 위해 최선을 다하고 있는 현장 경찰관, 프로파일러, 검시관, 과학수사 요원, 국립과학수사연구원의 법의학자·법과학자들에게 존경과 감사의 마음을 전하며, 범죄피해자가족모임과 (사)한국피해

자지원협회, 범죄피해자지원센터 관계자 여러분에게도 위로와
격려의 말씀을 드립니다.

한국의 장기 미제 사건 그 흔적들을 따라갔던 기억

33년 전 대한민국 사회를 공포에 몰아넣었던 화성 연쇄살인 사건. 세월의 흐름만큼 진화한 과학수사 기법으로 범인의 꼬리가 잡혔다. 범인은 경찰에 14건의 살인을 포함한 범죄 행위 일체를 자백한 상태다.

세간의 기억 너머에 있던 장기 미제 사건들이 다시 소환되기 시작했다. 경찰이 30년 넘게 미제로 남아 있던 사건의 실마리를 다시 체계적으로 찾아 나선 분기점은 2015년이다. 그해 살인죄의 공소시효를 폐지한 이른바 '태완이법'이 시행됐기 때문이다. 이를 계기로 경찰은 장기 미제 사건 수사 체제 정비 계획을 마련하고 지방청별로 장기 미제 사건 전담수사팀을 정식 직제로 편성해 체계적인 수사를 진행해왔다.

한국일보 경찰팀이 2016년 4월부터 8월까지 연재한 '잊어도 될 범죄는 없다' 시리즈는 다시 출발하는 경찰의 장기 미제 사건, 그 시작점을 함께 따라간 기록이다. 당시 한국일보 경찰팀은 경찰청 수사국에 공식적인 협조를 요청, 각 지방청 장기미제팀과 함께 270건이 넘는 장기 미제 사건 중 10건을 선정해 취재에 들어갔다. 하지만 사안마다 취재를 대하는 피해자 가족들의 온도차가 뚜렷해 사건을 재구성하고 이를 다시 따라가는 게 쉽지 않았다.

　　당시 연재했던 사건 중 대부분은 아직도 미제로 남아 있다. 일반인에게는 세간의 관심에 따라 호출되는 사건일 수 있지만, 사건 피해자 가족들에게는 치유되지 못한 깊은 상처다. 당시 현장 취재기자들은 이런 피해자 가족들의 아픔까지 최대한 담아내고자 했다. 이 취재의 목적이 결국 범인의 실체를 밝혀 사건을 해결하고, 피해자 가족들이 가장 원하는 망자의 한을 푸는 길임을 알고 시작했기 때문이다.

　　한국일보는 앞으로도 공소시효와 상관없이 미제 사건에 대한 관심을 늦추지 않을 것이다. 이것만이 유족들 기억의 언저리에 있는 아픔을 소환했던 기자로서의 소명이라고 생각하기 때문이다. 마지막으로 지금 이 순간에도 잡히지 않는 흔적을 따라 얼마 남지 않은 공소시효를 데드라인으로 미제 사건 해결에 최선을 다하고 있는 전국의 장기 미제 수사 전담팀 형사들의 노력에도 감사를 전하고 싶다. 또 이 기사가 나오기까지 지원을 했던 2016년 경찰청 수사국 관계자들과 각 지방청 장기 미제 사건 관계자들에게도 감사의 뜻을 전한다. 이들의 노력이 더 빛을 발할 수 있는 길은 이 책을 통해 장기 미제 사건이 다시 조명되고, 사건의 실마리를 알고 있는 시민들의 제보로 이어지는 것이다.

이번 책에는 당초 취재한 10건의 사건 외에 드들강 여고생 살인 사건을 추가로 담았다. 이 사건은 당초 전남지방경찰청 장기미제팀과 취재 협의 때 시리즈의 시작점이었다. 현장 취재를 절반 이상 끝냈지만, 수사를 담당하는 기관들의 협조가 마지막에 이뤄지지 않아 실을 수 없었다. 하지만 이후 범인이 밝혀졌고, 이에 대한 취재 기록이 남아 있어 특별히 이 사건을 추가했다.

2019년 9월
2016년 한국일보 경찰팀

일러두기

1. '미제'란 아직 일이 끝나지 않은 상태를 뜻한다. 그러므로 미제 사건이란 사건 관련자나 단서, 용의 선상에 오른 인물을 대상으로 가능한 모든 수사를 진행했으나 피의자가 특정되지도 새로운 수사 단서도 발견되지 않아 장기 수사 상황이 된 사건을 말한다.

2. 사건에 등장하는 범인과 피해자, 증인, 가족, 주변 인물의 이름은 대부분 가명이되 간혹 성을 밝혔다. 다만 '김하일 사건' '김윤철 사건' '정남규 사건'처럼 언론에 범인의 이름과 얼굴이 공개된 유명 사건의 경우에는 범인의 실명을 유지했다. 사건 해결에 참여한 수사 형사와 프로파일러, 검시관, 국립과학수사연구원 법의관, 법의학자 등도 대부분 실명을 밝혔지만, 때때로 가명을 쓰기도 했다.

3. 사건에 나오는 인물의 나이는 사건 당시의 나이이다.

1.
목포 간호학과 여대생 피살 사건

DNA 대조 2015명,
목포를 이 잡듯 뒤졌지만 '그놈'은 어디에

'사건 현장에 남은 증거는 그놈의 유전자 정보(DNA)뿐이다. 지금까지도 DNA가 일치하는 사람을 아직 찾아내지 못했다. 당시 현장에서 목격된 검은색 차량은 어디로 갔을까. 170센티미터 초반 키에 트레이닝복을 입고 범행 시간 1시간 전부터 현장 주변을 배회했다던 남성의 정체는 뭘까.'

남설민 형사가 2013년 2월 전남지방경찰청 장기미제사건팀으로 발령 난 후 3년이 넘도록 수백 번은 되뇌었을 범행 관련 정보다. 그는 미제팀에 와서 제일 먼저 2010년 전남 목포를 떠들썩하게 했던 '간호학과 여대생 피살 사건' 파일을 찾아 뒤적였다. 사건 발생 당시 목포경찰서 강력계에서 근무 중이었던 그는 광범위한 수사를 펼쳤는데도 끝내 범인을 잡지 못한 이 사건에 그때부터 '꽂혀' 있었다. 형사의 직감상 범인은 벌써 잡혔어야 했다. 하지만 지독히 운 좋은 범인은 수사망을 벗어났고 당시 수사팀은 자존심에 상처를 입었다. 이 사건을 꼭 해결해야 하는 데는 그런 이유도 있다.

대형 한방병원 인근에 허름한 주택들이 늘어선 목포 용해동 이면 도로. 당시 담당 수사관으로서 직접 걸어보며 그날의 일을 재구성하기 위해 걷고 또 걸었던 길이다. 2010년 10월 15일 밤 11시 11분, 조수경(22세) 씨는 이곳에서 1킬로미터 떨어진 패스트푸드점에서 아르바이트를 마치고 집을 향해 걷고 있었다. 11시 18분쯤 언니(당시 24세)에게 '귀가하고 있다'는 문자메시지를 남긴 수경은 교회 오빠, 친구와 연이어 통화를 하며 집으로 가는 발걸음을 재촉했다. 친한 동네 오빠가 결혼한다는 소식을 듣고 서러운 마음에 별안간 울음이 터져 나왔다. 그런 수경을 50대 부부가 마지막으로 목격한 시간은 11시 28분이었다. 그로부터 정확히 2분 뒤인 11시 30분, 사고 현장에서 30미터 떨어진 단독주택에 사는 한 주민이 갑자기 '악' 하는 여성의 외마디 비명 소리를 들었다. 같은 시각 현장에서 300미터 떨어진 곳에서도 외마디 비명을 들었다는 증언이 나왔다. 다시 5분 뒤 사건 현장에 있던 검은색 승용차의 뒷문에 어떤 이의 다리가 끌려 들어가는 모습까지 목격됐다.

피해자는 패스트푸드점에서 아르바이트를 마치고 귀가하는 길이었다.
밤 11시 18분쯤 언니에게 '귀가하고 있다'는 문자메시지를 보내고 발걸음을
재촉하는 중에 범인과 맞닥뜨렸다.

하지만 이날 수경은 귀가하지 않았다. 아무리 늦어도 아르바이트가 끝나고 30분이면 도착하던 동생이 집에 들어오지 않자 언니와 남동생은 자정을 지나 10월 16일 오전 파출소에 미귀가 신고를 했다. 동네 골목골목을 뒤지고 근처를 샅샅이 돌아봤지만 어디에도 동생은 보이지 않았다. 새벽 4시 30분 걸려온 전화는 불길했다. 동생을 찾았다는 경찰의 전화였다. 도로에서 살짝 벗어난 공원길 옆 배수로에서 수경이 하의가 벗겨진 모습으로 숨진 채 발견됐다. 집에서 700미터도 채 안 되는 곳이다. 청바지는 사라지고, 얼굴과 턱 등 온몸에 무차별적으로 난타를 당한 흔적이 역력했다. 목에는 범인의 손에 졸린 자국도 선명했다.

경찰이 수사에 착수하고 나흘째 되던 날인 10월 19일 시신이 발견된 곳에서 2.5킬로미터쯤 떨어진 갓바위 목포해양유물전시관 인근 바닷가에서 이번엔 수경의 가방이 발견됐다. 그 안에 휴대폰과 지갑, 바지, 신발, 속옷까지 함께 들어 있었다. 지켜보는 수사관마다 어떻게든 범인을 잡아야 한다는 형사의 본능이 꿈틀거렸다.

범인은 범행에 승용차를 이용했다. 수경을 차로 끌고 가 성폭행하려다 거세게 반항하자 목 졸라 숨지게 한 뒤 인근 배수로에 내려놓은 채 달아나고, 바닷가에 유류품까지 버린 것으로 추정됐다. 비명 소리를 들었다는 근처에서 검은색 승용차를 봤다는 주민과 택시기사들의 증언이 나왔다. 최면 수사까지 진행했다. 이들의 증언 중 공통점은 차량 조수석과 범퍼 사이가 찌그러져 있었다는 것. 하지만 차종은 증언마다 달랐다. 어떤 이는 크레도스라고 했고, 또 다른 이는 소나타2라 했다.

작은 실마리라도 찾아야 했다. 목포 인근까지 수색 범위를 넓혀 유사한 차량 흔적을 찾아 다녔다. 사건 발생과 시신 발견 지점, 그리고 유류품이 발견된 해양유물전시관까지 범인이 지나갔을 만한 동선에 있는 모든 폐쇄회로 TV를 확인했다. 헬기까지 동원했다. 유사해 보이는 차량 3963대와 차주를 일일이 조사했다. 하지만 범인의 것으로 추정되는 용의 차량은 발견되지 않았다. 차량 조사를 하면서 가장 아쉬웠던 건 전시관 건물 꼭대기에 설치된 폐쇄회로 TV 두 대였다. 카메라의 각도를 아래로 낮춰 건너편 야산이 아니라 도로나 주차장을 향했다면 범인의 차량이 찍혔을 텐데…. 너무 큰 아쉬움에 이곳에 올 때마다 남형사의 시선은 건물 꼭대기에 한참 머문다.

다행히 시신의 손톱 밑에서 남성의 DNA가 검출됐다. 우선 목포 일대 성폭행 전과자 등 우범자 200여 명을 대상으로 일일이 조사에 들어갔다. 수경의 초등학생, 중고생 시절 친구들부터 대학교 선후배까지 전부 조사를 받았다. 이때 5년 6개월 동안 진행한 참고인 조사에서 대상자만 6000여 명에 이르렀다. DNA 대조를 위해 구강 상피세포를 채취한 사람도 2015명에 달했다. '목포 시민 모두가 범죄자 취급을 받는다'는 지역사회의 반발 여론도 있었지만, 경찰은 불쾌해하는 시민들을 설득해가며 조사를 멈추지 않았다. 초반에는 금방 찾을 것 같았지만 결국 시신에서 찾아낸 DNA와 일치하는 사람은 없었다.

성폭행범의 경우 재범률이 높은데도 6년 가까이 조사하는 동안 검출한 DNA와 일치하는 이가 나오지 않자, 동종 전과자가 아닌 초범이 우발적으로 저지른 범죄라는 가능성도 거론됐다. 범행 당시 장갑을 끼지 않고 무차별적으로 얼굴을 폭행한 점도 계획범죄가 아니라는 분석을 뒷받침했다. 또 시신과 유류품이 버려진 현장 등을 보면 범인은 치밀하지 못했다. 프로파일러의 분석도 마찬가지였다. 피해자의 신원을 알 수 있는 신분증을 따로 숨기지 않고 그대로 버렸다는 것이다. 수사팀이 사건 발생 직후 인근 지역 공단에서 일을 갑자기 관둔 사람들의 명단을 확인한 것도 그 때문이다.

수사기관에 DNA 자료가 확보되지 않은 성범죄 초범이거나 미성년자일 가능성에도 주목했다. 실제 범행 현장 주변에는 학교가 여럿 있었다. 하지만 비행 청소년 위주로 탐문 조사를 벌였으나 별다른 혐의점을 찾지 못했다. 목포는 항구다. 범인이 지역에 아무런 연고가 없다면 항구를 들락거리는 선원일 수도 있다는 생각에, 경찰은 사건 발생 전후로 한 달간 목포를 입출항한 선원 명단을 해양경찰에서 넘겨받아 일일이 대조 작업을 벌였다. 하지만 이 역시 별다른 소득이 없었다.

경찰은 초동수사 당시 지역 우범자 중 소재를 미처 확인하지 못한 10여 명의 행방을 지금도 뒤쫓고 있다. 그리고 사건 당일 현장 근처에서 1시간 전에 목격된 30대 초반 남성의 정체를 확인하는 것도 숙제로 남겨졌다. 목격자의 증언에 따르면 그는 검은색 트레이닝복과 모자를 쓰고 있었고, 170센티미터 정도의 키에 마르고 광대뼈가 나왔으며, 눈이 다소 길게 찢어져 보였다고 한다. 당시 모자를 쓴 채 왔다 갔다 하며 범행 대상을 찾고 있었던 것으로 추정됐다. 지금도 수사팀은 그자의 행방을 쫓는 데 전력을 다하고 있다.

또 전국에 걸쳐 비슷한 수법을 쓰는 전과자가 새로 잡히거나 경찰 범죄 데이터상에 올라오면 인상착의를 살피고 DNA 대조는 물론 2010년 사건 당시의 행적까지 조사한다. 사건을 해결할 한 가닥의 끈이라도 잡기 위해 오늘도 전국에서 발생하는 성폭행과 살인 사건에 경찰의 촉은 쏠려 있다.

가족들은 아직 그날의 일을 잊지 못하고 있다. 수경과 마지막 문자메시지를 주고받은 뒤 불안한 마음에 신고했던 언니는 동생 얘기를 꺼내면서 또다시 눈물을 훔쳤다. 목포 소재의 대학 4학년이었던 수경은 사건으로 희생되기 직전 지방대학 출신이라는 핸디캡을 딛고 서울 유명 대학 병원의 간호사 면접시험에 합격한 상태였다. 사건이 발생한 시점에서 100일 뒤에 있을 간호사 국가고시만 통과하면 됐다. 그 일만 없었더라면 지금쯤 어디선가 백의의 천사가 돼 웃고 있을 텐데…. 동생의 꿈은 그렇게 산산이 부서졌다. 언니는 말했다. 가난하지만 형제간 정이 유독 돈독한 삼남매였다고. 유달리 애교 많고 열정이 넘쳤던 둘째 수경이 희생되면서 가족들 모두 씻을 수 없는 상처를 입었다. 사건이 일어나고 한 달 후 가족들은 25년 넘게 살던 동네를 도망치듯 떠났다고 한다.

수경의 유해는 목포 유달공원 납골당에 안치돼 있다. 남형사는 어디선가 태연히 돌아다닐 범인을 생각하면 아직도 가슴 한구석이 아려온다고 했다. 형사의 자존심, 그리고 항상 운명처럼 맞닥뜨려야 하는 피해자 가족과의 만남을 운명이라 생각한다. 잊어도 될 범죄는 없다. 수경을 죽인 범인을 찾아 미제 사건의 마침표를 찍고 싶다.

2010년 사건 당시
조수경(가명)양 동선

16일 오전 4시 30분 ④

③ 오후 11시 28분

② 오후 11시 18분

① 15일 오후 11시 11분

⑤ 19일

영산로

하 당 동

하당초교

영흥고

용 해 동

낙산공원

백년대로

한빛초교

신 흥 동

신흥초교

목 포 시

교육로

신흥동
주민센터

목포교육
지원청

달맞이
공원

목포문화관

목포자연사
박물관

목포문학예술회관

목포해양
유물전시관

갓바위

사건 당시 피해자의 동선

2010년 10월 15일 밤 11시 11분 피해자 조양은 목포 신흥동과 용해동 사이의 패스트푸드점에서 아르바이트를 마치고 퇴근한다.

밤 11시 18분 집으로 향하면서 언니에게 귀가한다는 내용의 문자메시지를 보낸다.

밤 11시 28분 50대 부부가 전화를 하며 걸어가는 조양을 마지막으로 목격한다.

10월 16일 새벽 4시 30분 도로에서 벗어난 인근 배수로에서 조양이 숨진 채 발견된다.

10월 19일 목포해양유물전시관 인근 바닷가에서 피해자의 유류품이
발견된다.

사건 포인트

- **범인은 용의주도한 초범인가** 강간 사건은 재범률이 높은데 지금까지 성
  범죄자의 DNA와 대조할 때 걸리지 않았다.

- **범인은 미성년자인가** 사건이 발생한 곳은 주변에 학교가 여럿 있고 원
  룸이 밀집한 지역이라 비행 청소년 대상으로 수사를 했다. 하지만 아무
  런 성과도 없었다.

- **범인은 선원인가** 목포는 항구이니 선원이 범행을 저지르고 출항했을
  수도 있다. 하지만 사건 발생 전후로 입출항한 선원들을 살펴보았으나
  별다른 소득이 없었다.

- **정체불명의 남성** 사건 당일 현장 근처에서 30대 초반 남성이 목격됐다.
  키 170센티미터에 검은색 트레이닝복을 입은 그 남자의 정체를 밝혀
  야 한다.

"마지막 남은 한 사건까지 추적"

2015년 7월 국민들의 관심 속에 살인 사건의 공소시효를 폐지하는 개정 형사소송법, 일명 '태완이법'이 국회를 통과했다. 이로써 2000년 8월 1일 오전 0시 이후 발생한 살인 사건을 대상으로는 공소시효가 폐지됐다. 경찰은 이후 장기 미제 사건 수사팀을 확대 개편해, 장기 미제 사건 273건을 추적 중이다. 수사 경찰과 범죄 피해 가족들에 대한 사회적 관심이 필요한 시점이다.

박진우 경찰청 수사국장은 인터뷰에서 장기 미제 수사의 어려움을 토로했다.

"드라마 '시그널'에 나온 것과 달리 장기 미제 사건 수사는 녹록지 않다. 망자와 유족들의 한을 풀어주고 살인이라는 중죄를 저지르면 분명 처벌받는다는 사회 정의를 세우기 위해 마지막 남은 한 사건까지 추적해나갈 것이다."

다음은 박국장과의 일문일답이다.

경찰에게 장기 미제 사건은 어떤 의미인가.

"사람의 생명은 무엇과도 바꿀 수 없다는 점에서 살인 사건은
중범죄다. 반드시 범인을 검거해 법의 심판을 받게 해야 한다는
것이 경찰의 신념이다. 하지만 일부 사건의 경우 다각적인 수사
에도 불구하고 실마리를 풀지 못하고 있어 가슴 아프게 생각한
다. 유족 여러분에게도 죄송한 마음을 금할 길이 없다. 최근 15년
간 살인 사건 검거율은 96.5퍼센트이고, 장기 미제로 남아 있는
것은 3.5퍼센트(273건) 정도다. 미제 사건 대부분은 발생 당시
가능한 수사력을 총동원했던 사건이다. 이를 다시 수사한다는 것
은 그만큼 쉽지 않다. 하지만 2015년 태완이법이 국회에서 통과
된 뒤 경찰은 2011년부터 활동하던 지방청별 장기미제사건팀을
확대 개편해 주요 사건을 재수사 중이다. 시간이 걸릴 수는 있지
만 미제 사건 중 해결 가능한 사건도 늘어날 것으로 본다."

장기 미제 사건을 수사하면서 성과는 있었나.

"장기미제사건팀이 신설된 후 현재까지 2004년 서울 영등포
에서 불법 대출 영업을 하던 공범을 살해하고 암매장한 사건,
2006년 경기 용인에서 보험금을 받으려고 졸음운전으로 꾸며 부
인을 살해한 사건, 2008년 용인에서 채권자를 생매장해 살해한

사건 등 35건의 크고 작은 미제 사건을 해결해왔다."

드라마에 나오는 장기 미제 사건과 현실 수사의 차이는 무엇인가.

"범인을 검거하기 위해 고민하고 노력하는 현실의 형사들은
드라마 속 형사들의 열정적인 모습과 다를 게 없다. 하지만 범인
을 추적하고 잡는 것은 드라마처럼 쉬운 일이 아니다. 드라마와
달리 현실에서는 단서도 부족하고, 시간이 오래될수록 증인과 목
격자의 기억도 희미해지기 때문이다. 몇 배 이상의 노력과 시간
을 투자해야 한다."

장기 미제 사건을 해결하는 데는 시민들의 제보도 중요해 보인다.

"사건을 해결하는 데 국민들의 제보는 결정적인 단서가 되고
있다. 신고하고 제보한 이에게 신고 보상금을 지급하는 것은 물
론 신원도 철저히 비밀에 부쳐 보장하고 있다. 미제 사건과 관련
해 사소한 내용이라도 알고 있다면 적극적인 제보를 부탁한다."

2.
양산 택시기사 피살 사건

왼쪽 다리 저는 마지막 택시 손님…
흐릿한 폐쇄회로 TV가 야속하다

"고객이 전화를 받지 않아 삐 소리 후 음성사서함으로 넘어가오니…."

피해자 이동수(52세) 씨는 사건 당일 점심을 함께 하려고 동료 A씨에게 전화를 했지만 받지 않았다. '차라리 잘됐다. 한 푼이라도 아껴 딸에게 용돈이나 주자.' 오전 내내 돌아다니다 그는 점심 무렵 택시를 경남 양산 남부동에 있는 집 방향으로 몰았다. 10년 동안 회사 택시를 운전하다 개인택시를 마련한 지 5년째 됐다.

2008년 1월 30일 낮 12시 30분 집에 도착했다. 딸이 준비해 둔 밑반찬 몇 가지에 점심을 후딱 해치우고 한 시간 뒤 다시 택시에 몸을 실었다. 그날도 오전 9시 30분부터 나와 차를 몰았지만 평일이라 그런지 손님이 코빼기도 안 보였다. 부지런히 찾아다니는 길밖에는 없다. 북부동 쪽으로 핸들을 틀었다. 마침 북부동 S은행 지점을 지날 즈음 전방 30미터에서 손짓하는 남성이 보였다. 170센티미터 조금 안 되는 작은 체구에 두툼한 점퍼를 입은 40~50대 손님이었다. 다리를 다쳤는지, 아니면 장애가 있는지 왼쪽 다리를 절고 있었다.

"추운데 어서 들어오세요. 어디로 모실까요?"

대답 없이 땅바닥만 쳐다보는 그는 어딘가 불편해 보였다. 룸미러에 비친 얼굴에선 초조함도 느껴졌다. 시계를 보니 오후 1시 42분이었다.

그런데 남자의 목적지가 이상했다. 차를 탄 지 30분이나 되도록 갈팡질팡하며 말을 바꿨다. 그가 마지막으로 가자고 한 곳은 양산 동면 내송리 인근 야산이었다. 원래 탔던 곳에서 5킬로미터쯤 떨어진 곳이라 차로 가면 10분이면 충분한 거리인데 20킬로미터나 돌아가는 셈이다. 행색을 보니 타지 사람은 아닌 듯했다. 도저히 안 되겠다 싶어 다른 택시를 타라고 말하려는 순간 15년지기 동료 택시기사 B씨에게서 전화가 왔다.

"그래, 설 지나고 나서 한잔하자. 운전 조심하고…."

통화를 마치니 그가 말한 목적지가 코앞이었다. 남자의 요구대로 내송리 마을회관을 지나 야산으로 향하는 외길로 들어섰다. '대체 왜 이런 곳을 찾을까. 산속 농장에서 일하는 인부인가.' 이런저런 생각을 하면서 빨간색 철제문이 보이는 농장 앞에 차를 세웠다. 그리고 요금 계산을 위해 뒷좌석으로 고개를 돌리려는 찰나, 차갑고 날카로운 쇳덩이의 충격이 어깨에 느껴졌다. 남자가 악마로 돌변했다.

동료 A씨는 집에 두고 온 휴대폰을 찾으러 점심시간에 집에 들렀다. 그런데 휴대폰에 동수 형님이 전화했다는 부재중 메시지가 찍혀 있었다. 같이 점심이나 먹자는 전화였을 것이다. 조금 전 오전 10시쯤 남부동 남부시장 입구 교차로에서 운행 중인 형님 택시와 마주치고 손짓으로 인사를 나눴다.

오후 2시 30분 갑자기 택시로 무선 호출이 왔다. 그런데 무전기 너머로 '컥' 하는 외마디 비명과 함께 신음 소리만 들릴 뿐이었다. 무전기 송신 내역에는 동수 형님 차량의 무전 ID인 '113'이 떠 있었다. 이번엔 A씨가 무전을 보냈다.

"무슨 일이 있습니까, 형님?"

몇 번을 물어도 답이 없다. 동수 형님에게 무슨 일이 벌어진 게 틀림없다.

타고 있던 손님을 목적지에 내려주고 불길한 마음에 급히 동수 형님에게 휴대폰으로 전화를 했다. 1분 11초 동안 통화 연결음이 들리더니 음성 안내로 바뀌었다. 다시 걸었다. 이번엔 42초간 연결음이 이어지다가 음성 안내가 아닌 '뚜뚜' 하는 소리와 함께 전화가 끊겼다. 누군가 형님의 휴대폰 전원을 강제로 끈 게 분명했다. 마지막으로 한 번 더 전화했다. 아예 휴대폰이 꺼져 있다.

양산 동면 내송리 H농장 진입로 부근에서 발생한 택시기사 살해 사건. 강력 사건을 다루면서 잔뼈가 굵은 경남지방경찰청 미제사건팀 베테랑 형사 5명이 머리를 맞대고 재구성한 범죄 상황은 이랬다.

무선 호출을 한 뒤 1시간 만에 발견된 피해자는 얼굴과 양손, 머리, 어깨 부위에 칼부림 상처가 47곳이나 있었다. 난도질이나 다를 바 없었다. 흔적으로 미뤄볼 때 운전석 뒤에서 흉기로 공격하는 범인에 맞서 피해자는 몸싸움을 벌이며 극렬히 저항한 듯했다. 운전석 내부 천장에까지 묻은 피해자의 신발 자국은 좁디좁은 공간에서 어떻게든 범인을 막아내려 한 처절한 사투의 증거였다.

범인도 피해자를 단번에 제압하지는 못했던 것 같다. 그렇게 그는 10여 분간 흉기를 휘둘렀고, 이씨는 계속 칼에 찔리면서 기력이 다해갔다. 그러던 이씨의 눈에 운전대 오른쪽에 놓인 무전기가 보였을 테다. 택시기사 동료들끼리 연락을 취하는 수단이다. 이씨는 격렬히 저항하는 중에도 주변에 상황을 알리려 발버둥을 쳤다. 마지막 희망이 될지도 모를 무전기로 한 손을 뻗었다. 하지만 다른 한 손만으로 예리한 흉기를 쥔 범인을 당해내기엔

역부족이었다. 방어 자세가 무너지자 흉기는 피해자의 목을 향했다. 겨우 무전기를 쥐었지만, '컥' 하는 단말마만 동료 기사 A씨에게 전달될 수 있었다. 부검 결과 이씨의 사인은 최후의 일격으로 보이는 기도와 목 부위 자상(찔린 상처), 그로 인한 출혈 쇼크사였다.

초기 수사는 난항이었다. 범행 장소가 낮에도 인적이 드문 야산 중턱인 까닭에 사건이 한낮에 발생했는데도 목격자는 전혀 없었다. 사건 직후 현장을 지나간 차량이 한 대 있었지만 '특이한 건 못 봤다'고 경찰에 나와 진술했다. 범인은 범행 후 올라왔던 산길로 20분간 걸어 내려가 대중교통을 이용했을 것으로 추정됐다. 택시는 발견될 당시 조수석 문이 5분의 1가량 열려 있었고, 피해자는 다리는 운전석에 두고 머리는 조수석을 향한 채 쓰러져 있었다.

차량 안에서 피해자의 혈흔과 모발 다섯 점, 범인의 것으로 보이는 손수건이 발견됐지만 유전자 정보는 검출되지 않았다. 피해자가 평소 들고 다니던 검은 손가방을 빼고는 돈이나 다른 물품은 없어지지 않았다. 발견된 피해자의 휴대폰은 지문이 싹 지워진 상태였다. 범인은 오히려 흉기에 묻은 피를 닦은 손수건 한 장을 남겨뒀다. 면식범일 수도, 계획범죄일 수도, 우발범일 수도 있다는 의미였다.

경찰은 양산 일대 우범자와 출소자, 전과자 등 2415명을 샅샅이 훑었으나 죄다 범행 시간대엔 알리바이가 있었다. 나중에 확인한 택시 운행 기록 장치(타코미터)에는 이씨 택시가 쉬지 않고 40여 분간 양산 일대를 돌아다닌 기록만 남아 있었다. 중간에 택시에 탄 손님은 없고 범행 전 마지막 손님이 용의자로 추정된다는 얘기다. 인적 없는 야산으로 유인하고 칼부림 상처가 많은 것을 보면 원한 관계에서 나온 범행일 수도 있었다. 한 동료 택시기사는 범인이 먼저 온 자신의 택시를 일부러 지나쳐 바로 뒤에 오는 이씨의 택시에 탔다며 의도적으로 이씨를 노렸다고 했다.

유일한 증거는 북부동 은행 앞에서 택시에 승차하는 용의자의 모습이 찍힌 폐쇄회로 TV뿐이었다. 그 폐쇄회로 TV에 찍힌 이가 범인일 가능성이 높다. 그런데 흑백 화질이 엉망이어서 얼굴은커녕 성별 구별도 쉽지 않았다. 키 170센티미터를 전후한 40~50대 남성으로 보였다. 그리고 걸음걸이가 다소 이상하다는 정도가 폐쇄회로 TV 영상에서 찾아낸 전부였다. 법영상 전문가들은 '왼쪽 다리가 불편해 보이는 부상자 혹은 장애인'이라는 소견을 냈다. 즉시 해당 지역 병원에서 다리 치료를 받은 남성과 인근에 거주하는 출소자들을 조사했지만 이번에도 허탕이었다.

사건은 그대로 미제로 남았다가, 8년 만인 2016년 수사가 원점에서 다시 시작됐다. 경찰은 행여나 무심코 지나친 수사 기록

경북 양산 북부동 S은행 지점 인근 폐쇄회로 TV에 용의자로 추정되는 인물이 찍혔다. 왼쪽 다리를 저는 키 170센티미터 정도의 40~50대라는 분석이 나왔다.
사진 경남지방경찰청

은 없는지 이 잡듯 뒤지고 있다. 용의자와 비슷한 신체 특징을 가진 인물들의 소재지, 유사 사건 범죄자들의 기록도 죄다 펼쳐 놨다. 경남지방경찰청 미제사건팀 소속의 수사관은 이렇게 수사 의지를 밝혔다.

"용의자와 비슷한 특징을 가진 범죄 경력자 중 과거 전담팀에서 소재를 파악하지 못했던 몇몇을 현재 추적하고 있다. 피해자와 유족의 억울한 한을 풀어주기 위해 꼭 범인을 잡겠다."

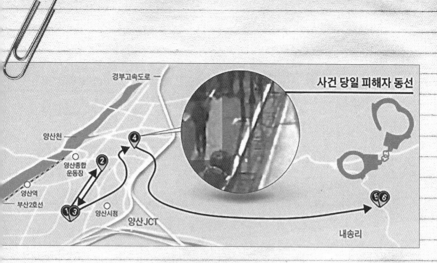

사건 당일 피해자 동선

사건 일지

2008년 1월 30일 오전 9시 30분 피해자 이씨는 양산 남부동 자택에서 나와 택시 운행을 시작한다.

오전 10시 남부동 남부시장 입구 사거리에서 동료 기사가 택시 운행 중인 피해자의 모습을 목격한다.

오후 1시 30분 이씨는 점심 무렵 남부동 자택에 들어와 점심을 챙겨 먹고 나서 다시 택시 운행에 나선다.

오후 1시 42분 이씨는 북부동 시중은행의 지점 앞에서 용의자를 태운다.

오후 2시 22분 이씨는 용의자의 요청에 따라 택시를 몰고 동면 내송리 인근 야산에 도착한다.

오후 2시 22분부터 2시 30분까지 이때가 범행 시간으로 추정된다.

오후 3시 27분 차량으로 산길을 내려오던 이가 길을 막아선 택시를 발견하고 경찰에 신고한다.

사건 포인트

- **면식범인가** 용의자가 택시에 탄 시간을 전후한 피해자의 휴대폰 사용 내역을 분석했으나 특이 상황은 나오지 않았다. 용의자가 지나가는 택시를 그냥 잡아탔을 수도 있다.

- **가까운 거리인데 왜 돌아서 갔나** 용의자가 탄 장소에서 범행 장소까지는 5킬로미터로 차로 가면 10분 정도 걸리는 거리다. 하지만 실제 택시의 운행 기록을 보면 40분에 걸려 돌아가면서 20킬로미터를 갔다. 용의자가 범행을 망설인 것으로 볼 수도 있다.

- **계획범죄인가, 우발적 범행인가** 사건 현장인 야산은 인적이 드문 곳이다. 계획적으로 유인한 것으로 보이는 대목이다. 하지만 택시 안에 지문과 DNA는 남기지 않으면서 피 묻은 흉기를 닦은 자신의 손수건은 놓고 도망한 것을 보면 우발적 범행으로도 보인다.

- **정체불명의 남성** 폐쇄회로 TV를 분석한 결과 키 170센티미터에 40~50대 남성으로 보인다. 걸음걸이가 다소 이상한 것으로 봐서는 왼쪽 다리가 불편한 사람으로 추정된다.

| 택시 안 범행 |

블랙박스 보급되기 이전,
손님들이 드나들어 DNA 검출 어려워

전국의 장기 미제 사건 중 택시 안에서 발생한 택시기사 살인은 '양산 택시기사 피살 사건'을 포함해 총 4건이다. 택시의 경우 현금을 다루고 심야 시간에 운행이 잦은 까닭에 쉽게 범죄에 노출된다. 문제는 손님들이 들락거리다 보니 범인의 유전자 정보를 검출해내기가 어렵고, 밀폐된 공간이라 범인 또한 증거를 없애기에 용이하다는 것이다. 그래서 택시 강도 살인은 범인을 잡기 어려운 사건 유형으로 꼽힌다.

2006년 4월 11일 새벽에 발생한 대전 대덕구 송촌동 택시기사 살인 사건도 그랬다. 아침 7시 27분쯤 송촌동 이면도로에서 발견된 택시는 주차된 덤프트럭을 들이받은 모습이었고, 택시기사 김 모(57세) 씨는 뒷좌석에 숨진 채 쓰러져 있었다. 차량 내부는 혈흔으로 가득했고, 천장부터 문까지 온통 피로 얼룩져 있었다. 키 181센티미터, 몸무게 89킬로그램의 건장한 체격을 가진 피해자의 사인은 과다 출혈이었다. 부검한 결과 얼굴과 머리에서 칼자국이 28곳이나 발견됐다. 범인이 휘두르는 흉기에 맞서 필사적으로 저항한 흔적이었다. 사건 초기에 현장 주변 4000여 가구를 탐문 수사했지만 단서가 될 만한 내용은 나오지 않았다. 당시 택시 안의 현금이 고스란히 남아 있다는 점에서 경찰은 강도의 소행뿐 아니라 원한 관계에 의한 범행에도 주목했다. 또 택시 운행 기록을 보면 새벽 4시 15분쯤 사건 발생 장소에서 3.4킬로미터 떨어진 곳에서 마지막 손님인 범인이 탄 것으로 추정됐다. 경찰은 탑승 지점을 뽑아 수사에 나섰지만 목격자는 찾을 수 없었다. 현장 인근엔 폐쇄회로 TV도 하나 없었다. 다행히 차량 안의 혈흔을 감식한 결과 피해자의 DNA와 범인의 것으로 보이는 DNA가 검출됐다. 동일 수법 전과자들을 대상으로 유전자를 대조했지만 일치하는 이가 나오지 않았다.

2002년 2월 2일 강원 춘천 후평동에서 발생한 택시기사 살인 사건 역시 범인을 잡지 못했다. 이는 강원도 도내에서 가장 오래된 강력 미제 사건이다. 범인이 기사(52세)를 택시 안에서 목을 조르고 흉기로 살해한 뒤 뒷좌석에 옮겨 놓고 직접 차를 몰아 인적 드문 후평동의 모텔 앞 공터에 버린 것으로 추정됐다. 피해자는 경기 시흥 택시업체에 소속된 기사로 전날 밤과 당일 새벽 시흥에서 춘천까지 운행하다가 택시 강도에 당한 것으로 보였다. 택시의 뒷좌석 왼쪽 유리창은 깨진 상태였고, 차 안에서 유리창을 깰 때 사용한 것으로 보이는 벽돌도 발견됐다. 경찰은 춘천에 연고를 두고서 경기 안산과 시흥 일대에 취업해 있는 10대 후반에서 20대 초반의 청년층을 상대로 탐문에 나섰다. 무려 2000여 명을 용의 선상에 올리고 수사를 벌였으나 범인의 윤곽조차 잡지 못했다.

2003년 5월 23일 새벽에 벌어진 '영주 택시기사 살인 사건'도 아직 미제로 남아 있다. 경북 영주에서 콜택시 운전을 하던 40대 택시기사가 상주의 외진 마을 농로에서 변사체로 발견됐다. 사건 전날 늦은 밤 마지막 손님을 태우고 영주를 빠져나간 피해자가 흉기에 찔려 사망한 것이다. 그런데 이상하게도 피해자의 택시는 그다음 날 안동의 큰길가 주차장에서 발견됐다. 택시 안 현금이 없어진 것을 보면 단순 강도 사건 같지만 영주, 상주, 안동 세 지역에 걸쳐 범행이 일어난 것 등 수상한 점이 너무 많았다. 특히 의심스러운 점은 치열한 몸싸움이 일어났을 사건 현장엔 물걸레로 닦은 흔적이 있고, 범인이 피해자를 따라가며 살해한 것처럼 사건 현장에 피해자의 신발과 안경 등이 줄지어 놓여 있었다는 것이다. 또 범인이 피해자의 복부를 향해 위에서 아래로 찔렀다는 점은 살해 의도가 강했다는 것을 드러낸다. 당시 범인은 유기 장소에서 가깝고 제삼의 장소인 안동으로 이동한 뒤 대중교통을 이용해 도피했을 것으로 추정됐다. 범인이 안동으로 택시를 몰고 급히 이동할 때 과속 단속용 폐쇄회로TV에 찍힌 것이 확인됐지만, 영상은 얼굴을 알아보기 어려울 정도로 화질이 좋지 않았다. 피해자 휴대폰의 통화 내역을 조사한 결과 마지막 전화는 영주역 인근 공중전화에서 온 것으로 밝혀져, 경찰은 처음부터 범인이 자신의 정체를 노출되지 않도록 꾸민 계획범죄일 가능성에 주목했다. 이후 범인의 온전한 지문이나 DNA가 발견되지 않으면서 결국 사건은 미궁에 빠졌다.

택시 강도 사건에는 공통점이 있다. 대전지방경찰청 미제사건 팀장 김범수 경감은 "택시 강도의 경우 폐쇄회로 TV가 없어 범행이 쉬운 한적한 곳으로 목적지를 잡거나 택시기사를 안심시키려 주로 장거리 행선지를 택한다"고 설명했다.

특히 4건의 미제 사건이 발생한 2002~2008년에는 폐쇄회로 TV나 차량용 블랙박스가 대중화하기 전이라 목격자의 흐릿한 기억 등 작은 단서에서 어떻게든 실마리를 찾아야 한다. 그래서 택시 미제 사건을 해결하는 데 시민 제보가 필수적이다. 한 미제 사건 담당 형사는 이렇게 호소했다. "택시 사건 수사는 그리 쉬운 편이 아니다. 미제 사건의 경우 제보가 중요한 만큼 덤불에서 지푸라기라도 찾아내겠다는 심정으로 제보를 기다리고 있다."

3.
광주 대인동 식당 주인 살인 사건

잠자다 둔기 맞아 숨진 동생…
늙은 형은 아직 보내줄 수 없다

사람은 두 번 죽는다고 한다. 한 번은 심장이 멈췄을 때, 또 한 번은 타인의 기억 속에서 사라졌을 때. 광주에 사는 최씨 할아버지에게 피해자인 동생(당시 66세)은 아직 살아 있는 존재다. 억울하게 죽임을 당한 뒤 벌써 10년이 흘렀지만 아직 기억 속에 온전히 숨 쉬고 있어서다.

최씨 할아버지에게 동생은 어릴 때부터 아픈 손가락이었다. 장남인 그에게 늘 양보했고 때론 방황하기도 했다. 그래도 대견한 동생이었다. 광주 대인동 골목길에서 식당을 운영하며 남매 셋을 길러낸 동생 내외에게 의사 아들은 어디를 가나 자랑거리였다. 딸 둘도 상경해 번듯한 직장을 다녔다. 형제간 우애도 깊었다. 최씨 할아버지에게 동생은 여생을 함께 보낼 유일한 동반자였다.

살인 사건이 발생한 때는 2008년 10월 19일. 청천벽력 같은 소식이었다. 대인동 골목의 한 건물 1층 식당에 강도가 들었고, 범인은 식당에서 먹고 자던 주인 최씨를 무참히 살해했다. 이날 밤 10시 50분쯤 식당 앞을 지나가던 이웃 주민이 안쪽 방에서 혼자 술을 마시는 최씨를 가게 유리창을 통해 목격한 게 마지막 모습이다. 아내 없이 혼자 일하다 하루의 피곤을 내려놓고 쉬는 중이었다.

최씨가 처참히 살해된 모습으로 발견된 건 이튿날 오전 11시쯤이었다. 오전 10시 택배 기사가 식당 문을 두드렸을 때 문은 굳게 닫혀 있었다. 결혼한 딸의 이삿짐을 옮기기 위해 서울에 올라와 있던 부인은 식당에 사람이 없다는 택배 기사의 전화를 받고 평소 고혈압이 있는 남편이 걱정됐다. 인근에서 여관을 운영하는 김 모 씨에게 남편이 잘 있는지 확인해달라고 부탁했다. 김씨가 문을 벌리고 좁은 문틈 사이로 간신히 들어갔을 때 식당 안쪽 방에 엎드려 누워 있던 최씨는 이미 머리에서 피를 흥건히 쏟은 채 숨진 뒤였다. 경찰의 감식 결과 사망 시간은 10월 19일 밤 11시 30분쯤으로 추정됐다.

범인은 가게 안쪽 방에서 뒷문 쪽으로 난 통로로 침입했다. 머리를 내려친 둔기는 식당에서 쓰던 장도리로 현장에서 발견됐다. 범인은 장도리로 최씨의 뒤통수와 오른쪽 귀 부분을 8차례 가격하고 금품을 훔쳐 다시 들어온 곳을 통해 달아난 것으로 조사됐다. 피해자가 손에 차고 있던 금반지와 금시계(당시 시가 360만 원)를 가져갔다. 달아나는 도중에 손을 뻗쳤는지 담장에 피 묻은 장갑 자국이 찍혀 있었다. 최씨의 몸에 반항한 흔적이 없는 것이 술을 마신 뒤 잠들었다가 범인의 얼굴도 제대로 보지 못한 채 당한 것으로 보였다. 훼손된 머리 부위가 처참했다. 현장에선 범인의 지문 하나 나오지 않았다. 피해자가 숨진 방에서 250밀리미터 크기의 피 묻은 신발 자국이 발견됐을 뿐이다.

사건 직후 베테랑 형사 70여 명이 수사에 투입됐다. 2년여의 수사 기간 동안 용의 선상에 오른 이만 1400여 명에 달했다. 사건 당일 현장 주변 통신사 기지국에 잡힌 휴대폰 통화 내역을 살피고, 동일하거나 유사한 수법의 전과를 가진 이들을 모조리 조사했으나 특이점을 발견하지 못했다.

수사 결과 일단 돈이 궁했던 누군가가 금품을 노려 저지른 강도 사건일 가능성이 커 보였다. 사건 현장은 과거 인근에 버스터미널이 있을 때부터 여관과 모텔이 밀집하고 유동 인구가 많은 지역이었다. 게다가 사건이 발생한 일요일이면 근처 스크린 경마장에 수천 명이 모여들기도 했다. 혼자 식당을 지키던 60대 식당 주인이 당장 현금이 급한 강도의 표적이 됐을 수도 있다. 그렇다면 장갑을 끼고 들어와 지문 하나 남기지 않을 정도로 지능적인 강도범일 가능성이 높았다.

강도 살인 사건으로 단정 짓기에는 석연찮은 구석도 많았다. 범인은 식당 계산대를 뒤진 흔적도 없고, 피해자의 바지 주머니에 든 현금도 챙겨가지 않았다. 사건을 담당한 김창용 광주지방경찰청 장기미제사건팀 형사는 이렇게 설명했다.

"장도리로 머리를 때린 횟수를 보면 원한에 의한 살인에 가깝다. 강도 짓을 하려다 들켜서 저지른 우발 범행이라면 두세 차례만 가격해도 충분한데, 범인은 마치 증오했던 사람을 죽이듯 최씨를 처참히 살해했다."

무엇보다도 의심스러운 점은 범인이 장도리를 범행에 사용하고 피를 씻어낸 뒤 원래 있던 자리에 돌려놓았다는 것이다. 당시 주방과 방 쪽에서 현장 감식을 마치고 나오던 한 과학수사 요원이 홀의 마루 밑을 들여다보다가 공구함을 발견하고 그 안에서 장도리를 찾아냈다. 요원은 장도리를 보는 순간 소름이 돋았다고 한다. 살인에 사용된 도구라면 피가 묻어 있어야 하는데 피는 보이지 않고 나무 손잡이 부분이 축축한 것이 범인이 범행을 한 후 씻어서 제자리에 놓았다고 추정됐기 때문이다. 일반 강도 사건에선 흔치 않은 일이었다. 또 마루 밑이라면 주인이 아니고선 장도리의 위치를 알기 어려울 텐데 애초 범인은 그것이 어느 곳에 있는지 알고 식당에 들어왔다는 추정이 가능하다. 범행 후 사건 현장을 달아나기 바쁜 보통 강도범은 이렇게 현장 주위를 치우지 못한다. 혈액 반응 검사 결과 장도리에서 피가 검출됐고 그것은 숨진 최씨의 것으로 드러났다.

강도로 위장한 원한 살인일 가능성은 그렇게 제기됐다. 하지만 경찰 조사 과정에서 최씨를 살해할 만한 원한과 동기를 가진 사람은 나오지 않았다. 범인은 의문만 잔뜩 남긴 채 지금까지 잡히지 않고 있다.

2012년 발족한 미제사건팀은 살인 사건이 일어난 다음날 자취를 감춘 한 유력한 용의자를 찾아 나섰다. 사건 당시 식당과 한 건물에 있는 3층 여인숙에 살던 김 모 씨다. 김씨는 사건 당시인 2008년까지 6년간 여인숙에 머무르며 여인숙 주인의 이름을 빌려 치약 거래로 생계를 유지하던 외판원이었다. 미심쩍은 것은 김씨가 신분을 숨기고 살아왔다는 점뿐 아니라 식당에 경찰이 들이닥치자 그날로 종적을 감췄다는 점이다.

미제사건팀은 치약 등 납품을 받으면서 무통장 거래를 했던 전표에서 지문을 채취하고 김씨의 이름을 확인할 수 있었다. 큰 진전이었다. 하지만 가까스로 신원을 특정한 김씨는 주민등록이 말소된 상태였다. 게다가 그때 도주한 뒤로 7년 동안 통신 기록이나 의료 기록이 전무했다. 철저히 숨은 것이다. 형사들의 심증은 더욱 굳어졌다. 그러다 2015년 10월 극적으로 김씨를 체포했다. 2013년 5월부터 '중요 지명 피의자 종합 공개수배' 1번으로 김씨를 수배한 지 2년 5개월 만이다. 엉켜 있던 실타래가 한꺼번에 풀리는 듯했다.

그러나 미제사건팀은 어렵게 잡은 김씨를 하루 만에 석방해야 했다. 김씨가 최씨 살인 사건과 연관성이 없는 것으로 밝혀졌기 때문이다. 그는 1998년 IMF 외환 위기를 겪으면서 운영하던 인쇄소가 부도나자, 부인에게 강제 이혼을 당하고 경제사범으로 피소까지 된 상태였다. 김씨는 "수배 중이라 경찰이 날 찾아온 것으로 오해해 달아났고 그 뒤 7년 동안 숨어 지냈다"고 진술했다. 국내 프로파일러 권위자에게 분석을 의뢰하고 거짓말탐지기까지 동원했지만 김씨가 최씨를 죽일 만한 동기나 증거를 밝힐 수 없었다. 결정적으로 사건 현장에 남아 있던 용의자의 족적(250~255밀리미터, 모델명은 urban 8)보다 김씨의 발(270밀리미터)이 훨씬 컸다. 김씨가 일부러 자신의 발보다 더 작은 신발을 신고 범행을 저질렀을 가능성은 적어 보였다.

사건은 다시 원점으로 돌아왔다. 유력 용의자를 잡기 위한 경찰의 추적도 벽에 막힌 상태다. 그래도 미제사건팀을 찾아온 최씨 할아버지는 "경찰이 이렇게 공들여 범인을 찾고 있을 줄 몰랐다. 꿈에서 동생을 또 만나면 조금은 마음이 편할 것 같다"며 눈시울을 붉혔다. 김형사는 최씨 할아버지에게 약속했다. "살인 사건에는 공소시효가 없습니다. 동생을 죽인 범인을 꼭 찾을 겁니다."

사건이 벌어진 식당은 지금 치킨집으로 바뀌었다. 여인숙도 그대로 있고 주변
건물들은 사건 당시와 별반 달라지지 않았다. **사진 이현주**

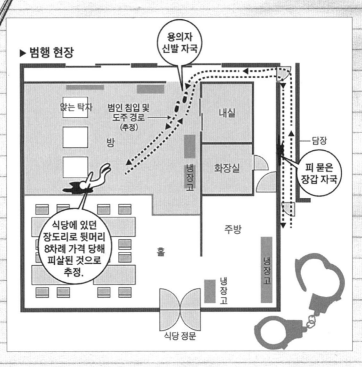

▶ 범행 현장

용의자 신발 자국

범인 침입 및 도주 경로 (추정)

앉는 탁자

방

내실

냉장고

화장실

담장

피 묻은 장갑 자국

식당에 있던 장도리로 뒷머리 8차례 가격 당해 피살된 것으로 추정.

홀

주방

냉장고

냉장고

식당 정문

사건 일지

2008년 10월 19일 밤 10시 50분 지나가던 이웃이 식당에서 혼자 술을 마시던 최씨를 목격한다.

밤 11시 30분 최씨가 사망한 시간으로 추정된다.

10월 20일 오전 11시 최씨가 식당에서 숨진 채 발견된다. 현장에선 범인의 지문 하나 나오지 않고 피 묻은 족적만이 발견된다. 곧바로 식당 건물 3층의 여관에서 살던 김씨가 사라진다.

2012년 12월 광주지방경찰청에 장기미제사건팀이 발족한다.

2013년 3월 재수사가 시작된다.

2013년 5월 경찰은 유력 용의자로 김씨를 특정하고 공개 수배한다.

2015년 10월 미제사건팀은 김씨를 어렵게 검거했으나 사건과 무관한 인물로 밝혀져 석방한다.

사건 포인트

- **살인 동기** 강도나 절도범의 우발적 소행인가. 범인은 현장에 지문을 남기지 않을 정도로 치밀했다. 장갑을 끼고 범행한 것으로 추정된다. 준비한 흉기가 아니라 가게에 있던 장도리를 범행 도구로 쓴 것을 보면, 자고 있던 최씨가 깨어나면서 범행이 발각되자 살해했을 수도 있다.
  면식범의 소행인가. 우발적 살인이라고 하기에는 범행 수법이 잔인하다. 범행 도구의 위치를 알고 들어와 범행 후 다시 제자리에 놓은 점, 식당 계산대를 뒤지거나 피해자의 바지에 있던 현금을 챙겨가지 않은 점을 보면 면식범의 소행일 가능성이 있다.

- **용의자 수를 왜 못 좁혔나** 사건 현장은 여관과 모텔이 밀집하고 유동 인구가 많을 때는 하루 수천 명이 넘는 지역이었다. 우선 피살자에게 원한을 품은 인물을 찾지 못했다. 현장에서는 범인의 지문과 DNA 등이 나오지 않았고, 주변에 폐쇄회로 TV도 없었다.

- **7년 동안 추적했던 용의자 김씨의 정체** 김씨는 같은 건물 3층의 여인숙에 투숙했던 인물로 사건이 벌어지자 곧바로 도주해 7년 동안 잠적했다. 검거된 후, IMF 외환 위기 당시 사업이 부도가 나 경제사범으로 피소된 상황에서 남의 이름을 빌려 숨어 살았던 것으로 밝혀졌다. 범행 현장에서 발견된 족적과 김씨의 발 크기가 차이가 나면서 결정적으로 혐의를 벗었다.

- **유일한 단서, 장물의 행방** 범인이 귀금속점에 장물로 내놓은 반지를 찾으면 최초의 판매자를 역추적해 검거할 수 있다. 하지만 장물 반지가 다시 가공돼 팔렸다면 수사가 어려워진다.

현장에서 발견된 유일한 단서, 역추적하고 수배

장기 미제 사건이 미궁에 빠질 수밖에 없는 이유는 대부분 유력한 증거가 없어서다. 범인이 머리가 좋아 수사를 앞서가거나 혐의를 모조리 감춘 완전범죄는 거의 드물다. 광주지방경찰청 장기미제사건팀이 맡고 있는 사건 중 80퍼센트도 범인을 뒤쫓을 실마리가 전무한 경우다.

물론 시간이 흘러 과학수사 기법이 발전하면서 미세한 증거가 효력을 발휘할 때도 있다. 2013년 5월 13년간 미제로 남아 있던 '서울 대림동 커피숍 여주인 살해 사건'의 진범 고 모(당시 40세) 씨가 잡혔다. 2000년 10월 범인은 커피숍에 들어가 주문을 하지 않고 계속 물만 달라고 하다 여주인에게서 "재수 없다"는 등 말을 듣자 홧김에 흉기로 여주인의 목 부위를 찔러 숨지게 했다. 사건 당시 단서는 카운터 위 물컵에서 발견된 쪽지문 8점이 전부였다. 하지만 지문 융선이 희미하고 일부만 채취된 상태라 당시에는 감

보통장물수배

광주동부경찰서 제 2008-1호

24K금반지 정면
(24K참빗살무늬 둥근원형)

가운데 둥근원형 다이아
(0.3캐럿 다이아)

24K반지 측면
(용 문형 양쪽 측면)

18K 전체 갤럭시 골드 시계
(시계줄 18K(구형)바둑알 팔찌모형)

연락처　광주동부경찰서 지역형사3팀 062) 224-0112
국번없이 112, 가까운 경찰관서
담당자 : 010-4778-7808

위 피해품을 팔러온 사람이나, 매입한 사실을 알고 있거나, 알고 계신분이
신고하여 주시면 **보상금지급규정에** 의거 **신고보상금을** 드리며, 신고하여
주신분의 신분등 비밀을 철저히 보장하겠습니다.

광주동부경찰서장

장물 수배 전단. 사건 당시 광주동부경찰서는 범인이 가져간 금반지와 금시계와
같은 종류로 사진을 찍어 전단을 만들었다. **사진 이현주**

정이 불가능했다. 그러다가 지문 감식 기술이 비약적으로 향상된 덕에 정밀 재감식을 하면서 범인을 특정할 수 있었다. 다른 사건에서 강도 살인미수 혐의로 붙잡혀 포항교도소에 수감 중이었던 고씨는 경찰의 끈질긴 추궁 끝에 범행 일체를 자백했다. 공소시효가 만료되기 2년을 남겨두고서였다. 조사 결과 그는 당시 범행 현장에서 200미터 떨어진 대림동 주택가 1층에 거주하고 있던 것으로 밝혀졌다.

문제는 쪽지문은커녕 유전자 정보조차 남아 있지 않은 광주 대인동 살인 같은 사건이다. 범인이 사용한 장도리와 범행 현장에서는 아무런 지문이 나오지 않았다. 식당도 현재 다른 업종으로 바뀌었다. 요즘처럼 폐쇄회로 TV나 차량 블랙박스가 보급된 시절도 아니어서 목격자를 찾아내기도 어려웠다.

미제팀은 전통적 탐문 수사 기법인 장물과 족적 수사에 유일한 희망을 걸고 있다. 범인이 피해자에게서 가져간 금반지와 금시계의 모양은 특이하다. 24K 금반지는 한가운데 0.3캐럿짜리 다이아몬드가 박혀 있다. 좌우에 용 문양이 새겨져 있고 다이아몬드 주위로 둥글게 빗살무늬가 퍼져 있는 게 특징이다. 금시곗줄도 흔치 않은 제품이다. 18K 금에 바둑알 모양 팔찌처럼 생겼다. 수사팀은 사건 직후 같은 모양의 금반지와 금시계를 찍은 전단을 만들어 광주와 전남 일대 금은방에 뿌리며 장물 수배를 했다. 누군가 아직 최씨의 반지를 갖고 있다면 역추적해 최초의 장물 판매자를 찾을 계획이다. 또 현장에서 발견된 범인 족적에 토대해 비슷한 신발을 갖고 있는 사람을 계속 수소문하고 있다.

하지만 말 그대로 희망일 뿐이다. 반지가 장물로 나왔다는 보장도 없고, 이미 상당히 긴 시간이 흘러 사람들의 기억 속에서 사라지거나 형태가 바뀌었을 수도 있기 때문이다. 형사들은 그야말로 도 닦는 심정으로 사건을 쫓고 있다. 김창용 형사는 수사의 고충을 이렇게 털어놨다.

"수사가 벽에 부딪히면 차라리 점쟁이한테 물어보고 싶은 생각까지 든다. 이 정도 증거라도 남아 있으니 계속 두드리면 언젠가 길이 열릴 것이다."

4.
포항 흥해 토막 살인 사건

다섯 부분 절단된 시신,
범인의 지문과 DNA 없어 '백지상태'

"병리과장님, 여기 좀 보시죠."

2008년 7월 8일 오후 2시 반 무렵 경북 포항 북구 흥해읍 왕복 2차선 도로변. 포항의 한 병원에서 근무하는 김주현(가명) 과장은 토막 난 시신 중 일부가 발견됐으니 부검을 맡아달라는 포항북부경찰서 강력계 형사의 연락을 받고 이곳까지 온 참이었다. 목 뒤로 땀이 흘러내리는 땡볕 더위였다. 갈대숲 사이에 널브러진 포대와 비닐봉지 속에서 사람의 양팔과 양다리가 나왔다. 허벅지 살이 뜯겨나간 오른쪽 다리를 맨 먼저 발견했고, 1미터 떨어진 옆에서 왼쪽 다리를, 그리고 두 팔이 담긴 포대를 찾아냈다. 한눈에 봐도 이미 심히 부패된 상태였다. 장마철을 지나며 수일간 비와 폭염에 노출된 까닭에 빨리 상한 듯했고, 짐승들에게 뜯겨 훼손된 흔적도 선명했다. 포대와 비닐봉지에 싸서 유기한 것을 나중에 들짐승이 헤쳐 놓은 것 같았다. 그런데 아무리 일대를 둘러봐도 머리와 몸통은 보이지 않았다.

경찰은 대대적인 수색에 나섰다. 2주가 지난 7월 22일 오후 2시 반경 팔다리가 처음 발견된 곳으로부터 1.2킬로미터 떨어진 음료 창고 부근에서 머리와 몸통이 발견됐다. 수습한 시신의 나머지 부분 역시 부패가 심해 형체를 알아보기 힘들었다. 김과장은 "법의학자로 10년 가까이 활동하며 시신 수백 구를 부검해왔지만 이리 처참한 사체는 처음 봤다"고 토로했다.

그해 여름 흥해읍에 사는 70대 노부부가 살구를 따러 갈대숲에 들어가지 않았다면 시신은 더 늦게 발견돼 신원 확인조차 어려웠을지 모른다. 다행히 경찰은 여러 차례 시도 끝에 왼쪽 손가락의 지문 일부와 대퇴골 부위로 간신히 신원을 확인할 수 있었다. 키는 163센티미터에 몸무게는 47킬로그램쯤 되는 보통 체격의 여성, 피해자는 포항 남구 동해면에 사는 주부 이연주(49세)씨였다.

부검 결과 이씨의 사인은 설골(목뿔뼈) 골절로 추정됐다. 설골은 턱 아래쪽 목을 감싸는 알파벳 U 자 형 뼈를 말한다. 손이나 줄 등으로 목을 졸랐을 때 주로 부러지는 부위다. 알몸 상태이기는 했으나 피부나 장기에 특별한 상흔이 없어 성폭행 사건처럼 보이지 않았다. 범인은 날카로운 쇠톱을 사용해 시신을 훼손했다. 단단한 뼈를 한 번에 자르지 못해 톱질을 멈췄다 다시 시작하기를 수차례 반복한 거친 흔적이 역력했다. 경찰은 "범인이 이씨의 목을 졸라 살해한 뒤 시신을 쉽게 옮기기 위해 절단한 것으로 보인다"고 전했다.

범인은 또 다급한 마음이었던 것으로 보였다. 피해자의 신원이 파악되면 자신의 존재가 금방 드러날까 걱정했는지 오른쪽 다섯 손가락을 모두 절단했다. 지문을 없애기 위해서였다. 휴대폰이나 소지품, 옷가지 하나 남기지 않았다. 반면에 사체의 왼쪽 손가락은 멀쩡했다. 시간적, 정신적 여유가 없어 남은 사체를 마저 훼손하지 못한 범인의 허둥거리는 모습을 떠올리게 했다.

수사팀에 따르면 이씨가 실종됐다는 신고는 연락이 끊기고 열이틀이 흐른 6월 24일에야 접수됐다. 신고자는 이씨와 10여 년간 함께 산 연하의 남편 박철호(당시 42세) 씨였다. 이씨의 마지막 모습을 본 이도 그였다.

박씨는 경찰 조사에서 2008년 6월 11일 아내와 낮술을 마신 뒤 자신은 잠들었다고 진술했다. 다음 날인 6월 12일 새벽 4시쯤 방금 집에 들어온 듯한 아내를 잠결에 봤고, 아침에 일어나니 아내는 이미 집을 떠나고 없었다는 것이다. 이튿날 새벽까지도 연락이 없자 박씨는 6월 13일부터 이씨를 찾기 위해 가족과 지인 등에게 연락하기 시작했고, 6월 24일이 돼서야 경찰에 실종 신고를 했다.

경찰은 이씨의 행적을 조사한 결과 실종 전날인 6월 11일 밤 택시를 타고 인근 노래방에 들른 것으로 확인됐다. 휴대폰 통신 내역을 확인해보니 이후 이씨가 마지막으로 전화 통화를 한 곳은 동해면 자택 인근, 시간은 6월 12일 오전 2시 30분이었다. 이씨는 이 시간 집 앞에서 친구와 마지막으로 통화를 했다. 그녀는 "사는 게 힘들다, 술 한잔 마시러 나가려 한다"고 간단히 말하고 전화를 끊었다.

경찰은 통화를 끝낸 이씨가 실제 그 시간쯤 집에 돌아왔던 것으로 보고 있다. 그런데 그때를 전후해 이씨의 행적은 묘연하다. 경찰은 이날 새벽과 아침에 이씨가 사망했을 것이라고 추정했다. 통신 내역엔 친구와 마지막 통화를 한 후 통신을 한 기록이 없었다. 부부가 살던 아파트 인근과 시신 유기 현장에 방범용 폐쇄회로 TV가 설치돼 있지 않아 영상 증거도 부족했다. 유기된 시신마저 발견 당시엔 빗물에 씻기고 더위에 부패돼서 범인의 DNA는 검출되지 않았다. 빗물에 모두 씻겨 나갔는지, 아니면 범인이 장갑 등을 철저히 준비했기 때문인지 사체를 포장했던 비닐봉지와 포대, 청색 테이프 어디에도 지문은 남아 있지 않았다.

사체가 발견된 흥해읍은 동해면의 이씨 집에서 차량으로 가면 28.7킬로미터가량 떨어진 곳이다. 수풀이 가득한 데다 사람이 사는 마을과도 꽤나 동떨어져 있다. 현장은 그렇게 낮 시간임에도 불구하고 차로 10분여를 달리고 나서야 겨우 주민을 만날 수 있는 외진 곳이다. 한 주민이 "80대, 90대 노인이 10명 중 8명인 마을이라서 저녁뿐 아니라 낮에도 길거리를 지나다니는 사람이 거의 없다"고 말할 만큼 인적이 드물었다.

경찰은 처음엔 남편 박씨를 주목했다. 피해자를 가장 마지막으로 목격한 사람이기도 했지만 강도의 우발적 범행이라기엔 사체가 훼손된 정도가 너무 잔인해서 면식범의 소행으로 추정됐기 때문이다. 게다가 박씨는 범행 추정 시간대의 알리바이가 명확하지 않았다. 평소 부부 관계가 좋지 않아 자주 다퉜다는 주변 사람들의 증언도 나왔다. 이씨가 실종되고 열이틀이 돼서야 경찰에 신고한 점도 납득이 되지 않았다.

그러나 수사 초기부터 2년 넘게 박씨의 집을 들여다본 담당 수사관들은 어떠한 범행 증거도, 특이점도 찾지 못했다. 아파트의 세면기와 수도 배관을 정밀 감식하고 박씨가 렌터카를 사용한 흔적이 있는지 살폈지만, 혐의점은 없었다. 부부의 주변 인물도 300명 정도 수사했으나 모두 알리바이가 있어 추가로 용의 선상에 올릴 만한 인물은 나오지 않았다. 범인이 차량을 이용해 시신을 유기했을 것으로 보고 이씨가 실종될 당시 이동 경로를 확인해 차량 수만 대를 분석했다. 또 범행에 쓴 비닐봉지와 포대를 찍어 사건 전단을 만들고 수천 장을 뿌린 뒤 제보를 기다렸지만, 특별한 게 나오지 않았다.

사체를 절단한 흉기라도 특정되면 좋겠지만 수사는 쉽지 않았다. 김주현 과장은 시중에서 파는 각종 톱과 절단기를 구해 돼지뼈를 수차례 잘라보면서 사체의 절단면과 비교했다. 하지만 쇠톱이라는 추정만 가능할 뿐 정확한 상품명과 판매처를 알아낼 수 없었다.

그렇게 사건은 미궁에 빠지면서 시간이 흘렀다. 처참히 짓밟힌 피해자와 진실을 애타게 기다리는 유가족을 위해 경북지방경찰청은 2015년 9월 미제사건 수사전담팀을 꾸려 사건을 되짚는 중이다. 이씨 집 근처에 사는 주민은 "2008년부터 이듬해까지 형사들이 매일같이 다녀갔고, 최근에도 종종 들른다"고 전했다. 시신을 다섯 부분으로 잔혹하게 절단한 뒤 들판에 유기하고 흔적 하나 남기지 않은 범인. 최명호 미제사건수사팀 수사관은 원점에서 다시 수사하면서 2400쪽에 달하는 사건 기록을 처음부터 다시 넘겨보고 있다.

"범인이 증거를 인멸하려 한 행적들 자체가 사건의 중요한 단서가 될 것이다."

시신이 발견된 포항 흥해읍 금장리 인근의 갈대밭. **사진 경북지방경찰청**

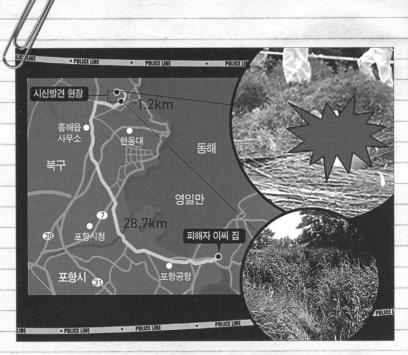

사건 일지

2008년 6월 11일 낮   피해자 이씨와 남편 박씨가 포항 동해면의 자택에서 낮술을 마신다. 남편이 자는 사이 이씨는 외출한다.

6월 12일 오전 2시 30분   이씨는 자택 인근에서 마지막으로 친구와 전화 통화한다.

같은 날 새벽 4시   박씨는 잠결에 이씨가 집에 들어온 것을 본다. 하지만 아침에 일어나 보니 이씨는 집을 나가고 없었다.

6월 13일   박씨는 이씨를 찾기 위해 가족과 지인들에게 행적을 수소문하기 시작한다.

6월 24일　박씨가 경찰에 이씨가 실종됐다고 신고한다.

7월 8일 오후 2시 20분경　포항 흥해읍 도로변의 갈대숲에서 이씨의 팔과 다리가 발견된다.

7월 22일 오후 2시 30분경　처음 발견 장소에서 1.2킬로미터쯤 떨어진 창고에서 머리와 몸통이 발견된다.

2015년 9월　경북지방경찰청에 미제사건수사팀이 발족한다.

사건 포인트

- **살인 동기**　우선 면식범인가. 범인은 범행 전 쇠톱 등 흉기를 준비한 것으로 추정된다. 또 피해자의 신원이 밝혀지지 않게 하려고 사체를 다섯 부분으로 토막 내 유기했다. 지문도 확인하지 못하도록 오른쪽 손가락을 모두 절단했다. 왜 왼쪽 손가락은 훼손하지 않고 그대로 두었지는 의문이다.
  강도범의 우발적 범행인가. 피해자의 소지품이 없어진 것을 보면 그럴 가능성도 있다. 하지만 성폭행을 당한 흔적이 없고, 사체를 훼손한 정도가 심하고 잔인한 점을 감안하면 단순 강도범의 소행으로는 보이지 않는다.

- **수사의 어려움**　피해자를 마지막으로 목격한 이는 남편 박씨였다. 평소에 아내와 다툼이 잦았고 실종된 지 열이틀 만에 신고한 박씨를 용의

선상에 올렸으나 혐의점을 찾지 못했다. 또 주변 인물 300여 명을 수사했으나 모두 범행 추정 시간대에 알리바이가 있었다. 범행 도구로 추정되는 쇠톱 또한 어디에서도 나오지 않았다. 사체 유기 장소 주위엔 폐쇄회로 TV가 하나도 없었고, 사체는 부패가 심해 피의자의 DNA가 검출되지 않았다. 한마디로 수사의 단서가 될 만한 것이 없었다.

- **토막 살인범의 심리** 토막 살인은 범인이 우발적으로 살해한 후 신원이 확인되는 것을 막기 위해 사체를 훼손하는 경우가 대부분이다. 살인한 후 두려움을 느껴 그 실체인 사체를 눈앞에서 없애자는 심리에서 훼손하기도 한다. 범인의 심리적 상태에 따라 사체의 훼손 정도에 차이가 난다.

"치밀한 계획 없이 살해한 후
혹시나 범행 들통 날까 압박감에 사체 없애려 해"

물증이 전혀 없는 미제 살인 사건의 유력한 단서는 사건 현장이나 사체에서 포착되기 마련이다. 특히 잔혹하게 시신을 훼손하는 토막 살인의 경우 피해자와 평소 알고 지내던 사람이 범인일 확률이 더 높다고 수사 관계자들은 전했다. 피해자의 신원이 드러나면 자신이 빨리 붙잡힐까 두려워 사체를 훼손하고 신원 확인을 어렵게 만든다는 것이다.

2016년 4월 일어난 '안산 대부도 토막 살인 사건'의 범인 조성호(당시 30세)의 범행 대상인 최 모 씨도 같은 집에 살던 지인이었다. 2015년 4월 발생한 '시흥 시화호 토막 살인 사건'의 범인 김하일(48세), 2014년 12월 '수원 팔달산 토막 살인 사건'의 범인 박춘풍(57세)의 경우도 마찬가지다. 이들은 각각 아내와 동거녀를 살해하고 사체를 토막 내 버렸다. 물론 토막 살인범 중에는 2012년 4월 수원의 오원춘(46세)처럼 길에서 처음 본 20대 여성을 납치해 성폭행하려다 실패하자 살해한 후 토막 낸 경우도 있다.

경찰은 사건 당시 잔혹한 범행 수법과 국민의 높은 관심을 고려해 이들 모두의 실명과 얼굴을 공개했었다. 오원춘과 박춘풍은 대법원에서 무기징역이 확정돼 평생 감옥에서 보내게 됐고, 조성호는 2심에서 무기징역에서 징역 27년으로 감형됐으며, 김하일은 대법원에서 징역 30년이 확정돼 복역 중이다. 조성호는 인천 자택에서 피해자를 살해한 뒤 대부도에 시신을 유기한 이유를 묻자, "대부도에 가본 적이 있어 시신 유기 장소로 정했다"고 했다. 박춘풍은 토막 난 시신을 팔달산 등 7곳에 뿔뿔이 버려 경찰이 현장검증 당시 현장을 돌아보는 데만 4시간 넘게 걸렸다. 오원춘은 시신을 토막 낸 뒤 새벽 5시쯤 시신을 버릴 비닐봉지를 구하러 태연히 동네 가게들을 돌아다녔다. 김하일은 체포됐을 당시 경찰에서 "야근하고 집에 와 자려고 했는데 아내가 계속 자신의 계좌로 돈을 부치라고 해서 홧김에 살해했고, 범행을 숨기려고 훼손했다"고 진술했다.

프로파일러 출신인 배상훈 서울디지털대 경찰학과 교수는 이러한 심리를 설명했다.

"토막 살인범은 평소 불만을 가져온 대상을 치밀한 계획 없이 일단 살해하고 곧이어 두려움을 느끼면서, 두려움의 실체인 사체

78

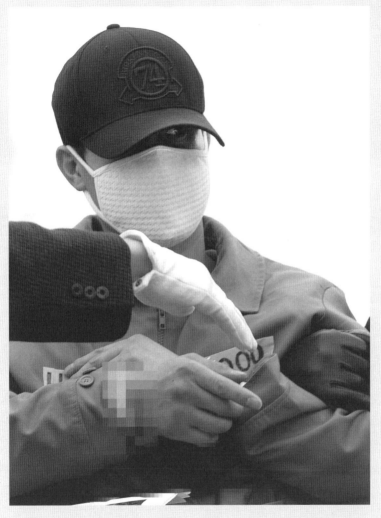

연쇄살인범 강호순이 2009년 2월 7일 경기 화성 마도면 고모리 L골프장에서
진행된 네 번째 희생자 중국 동포 김씨의 시신 발굴 작업 현장에서 암매장 지점을
손으로 가리키고 있다. **사진 한국일보**

를 눈앞에서 없애야 한다는 강박에 사로잡혀 사체를 훼손하는 경향이 있다."

다만 범인의 심리 불안 정도에 따라 사체를 훼손하는 선택이 달라지기도 한다. 이웅혁 건국대 경찰학과 교수는 이렇게 분석했다.

"사체를 그냥 버리는 살인범과 달리, 검거가 빨라질 수 있다는 심리적 부담을 힘들어하는 성격의 범인이 주로 시신을 훼손해 부피를 최소화하는 방법을 택한다."

포항 흥해 토막 살인 사건 수사를 맡은 담당 수사관들도 범인이 피해자와 잘 아는 사이일 가능성이 높다고 보고 있다. 최명호 경북지방경찰청 미제사건수사팀 수사관은 "잔인한 사이코패스의 소행이라기보다는 피해자의 시신을 쉽게 옮기기 위해 사체를 절단한 것으로 보인다"고 추정했다.

5.
남양주 아파트 밀실 살인 사건

최첨단 보안에도 침입 흔적은 전무…
"귀신도 곡할 밀실 살인"

지은 지 1년도 안 된 경기 남양주의 한 고급 아파트 단지는 철저한 보안을 자랑했다. 외부 차량은 차단기를 통과해야 지하 주차장으로 들어갈 수 있다. 걸어서 단지까지 들어왔다 해도 아파트 동 내부로 들어가려면 출입구에서 출입카드를 대거나 비밀번호를 입력해야 한다. 집 현관에는 도어록이 달려 있다 보니 삼중 보안 관문을 거치는 셈이다. 아파트 곳곳엔 폐쇄회로 TV까지 꼼꼼히 설치된 상태였다.

그런데 2010년 어느 날 이 아파트 A동 14층에 누군가 다녀갔다. 경로당을 가려던 노인이 집 안에서 살해됐다는 사실은 분명하지만 범인이 현장에 들어오고 나간 흔적은 어디에도 남지 않았다.

지금도 여전히 아파트 단지는 평화로운 모습이었다. '2010년 사건' 얘기를 꺼내자, 담소를 즐기던 주민들은 금세 표정이 어두워졌다. 동네 노인 중 왕할머니라 불리는 한 노인이 "그런데 아직도 범인을 못 잡은 거냐"며 기억을 더듬었다.

"동짓날 무렵이라 확실히 기억나. 경로당에서 같이 옹심이를 만들기로 했는데 그 할머니가 안 왔거든. 할머니를 죽인 범인을 잡는다고 경찰 수십 명이 며칠씩 아파트를 돌아다녔어."

사건 이후 아파트에는 '범인이 지하실에 몰래 숨어 산다'는 괴담도 돌았다. 그해 11월 그 집에 누가 다녀간 걸까? 그림자도 안 남긴 밀실 살인 사건의 범인은 어디로 사라졌을까?

"나, 경로당 가야 하니, 끊자."

2010년 11월 17일 아침 8시쯤 이덕순(69세) 할머니는 서울에 사는 지인과 주식 투자와 근황 등 사는 얘기를 나누다가 18분 만에 전화를 끊었다. 하지만 외출복을 차려 입고 나갈 준비를 마친 이씨는 끝내 현관 밖으로 나가지 못했다.

이날 아침 7시도 되기 전에 골프를 치러 집을 나섰다 밤 11시가 넘어 집에 돌아온 남편 박인철(당시 73세) 씨는 안방 침대에서 흉기에 얼굴과 목을 10차례나 찔린 처참한 부인의 모습을 마주해야 했다. 결정적인 사인은 목 경동맥에 입은 상처였다. 날카로운 흉기를 든 범인과 사투를 벌였는지 피해자의 양손에는 방어

흔이 11군데나 남아 있었다. 부검 결과 사망 추정 시간은 이날 오전으로 분석됐다. 아침 8시 지인과 통화한 이후부터 낮 사이였다.

늦은 밤 신고를 받고 현장에 도착한 경찰은 범인이 사용한 흉기가 피해자의 집에서 평소 쓰던 부엌칼인 것으로 확인했다. 집 안에 범인이 남긴 발자국은 이 집 화장실에서 신는 슬리퍼의 자국이었다. 슬리퍼는 바닥에 혈흔이 묻은 채 화장실의 원래 자리에 놓여 있었다. 범인은 화장실 슬리퍼를 신고 안방에서 범행을 저지른 후 다시 화장실에 들어가 피해자의 피가 묻은 자신의 손등을 씻고 슬리퍼를 벗어둔 것으로 추정됐다.

조사 결과 노부부는 십수억 원 재산을 소유한 재산가로 밝혀졌지만, 돈을 목적으로 한 범죄로는 보이지 않았다. 범인이 작은 방의 장롱을 뒤진 흔적은 있으나 사라진 물건은 없었다. 오히려 고가의 명품 시계가 침대 위에 고스란히 남겨져 있어 범인이 강도 사건을 연출한 것처럼 보이기까지 했다. 성범죄의 흔적도 없었고, 부부는 그동안 누구에게 원한을 산 일이 없었다.

현관이나 창문을 통해 강제로 침입한 흔적도 없었다. 그렇다면 피해자가 직접 문을 열어줬을 가능성이 컸으므로 경찰은 일단 면식범의 소행으로 추정했다. 범인은 독 안에 든 쥐나 다름없었다. 입주가 시작된 지 10개월 정도밖에 되지 않은 아파트여서 폐쇄회로 TV도 최신형인 만큼 영상 자료로 아파트를 드나든 사람을 일일이 대조해보면 시간은 걸리더라도 용의자를 확인할 수 있을 것으로 봤다. 범인이 빠져나갈 구멍은 없었다.

그런데 경찰의 기대와 달리 사건 해결의 실마리는 좀체 나오지 않았다. "귀신이 곡할 노릇"이라는 수사관들의 탄식이 쏟아졌다. 집으로 들어가려면 현관의 도어록에 출입카드를 대거나 비밀번호를 직접 눌러야 한다. 그게 아니라면 집 안에서 문을 열어줘야 한다. 피해자의 집에는 최신 보안 장치인 '월패드'가 달려 있어 손님이 초인종을 누를 경우 바깥 카메라에 상대방의 모습이 자동으로 찍히게 된다. 하지만 사건 당일 초인종을 누른 사람은 없었다. 카드나 비밀번호를 사용할 때 자동으로 저장되는 로그 기록이나 그것을 삭제한 흔적도 남아 있지 않았다.

혹시 집 안에 미리 들어와 있던 범인의 소행은 아닐까 싶어 사건 발생 일주일 전의 폐쇄회로TV까지 뒤졌지만 의심할 만한 내용은 없었다. 사건을 맡은 경기북부지방경찰청 장기중요미제사건 전담수사팀 관계자는 "사건 당일 현관 카메라의 사각지대에 숨어 노크를 한 뒤 피해자가 문을 열 때까지 기다렸다 집으로 들어갔다고 추측할 수밖에 없는 상황"이라고 설명했다.

의아한 점은 그뿐이 아니다. 아파트 A동으로 들어가는 입구 역시, 입주민은 출입카드나 비밀번호를 이용하고 외부인은 출입하려는 호수에 직접 연락해 안에서 문을 열어줘야 들어갈 수 있

사건 당일 초인종을 누른 사람은 없었다. 카드나 비밀번호를 사용할 때
자동으로 저장되는 로그 기록도 없었다. 귀신이 곡할 노릇이었다.

는데, 사건 당일 피해자의 집 호수를 누른 외부인은 없었다. 범인이 아파트 안으로 들어올 수 있는 같은 동 주민이거나 다른 집을 방문하는 것처럼 속였다고 가정도 해봤다. 하지만 사건 당일 새벽 5시부터 자정까지 A동 출입구와 엘리베이터 내부, 1층 엘리베이터 앞에 설치된 폐쇄회로 TV의 영상을 확인해서 188명의 당일 행적을 이 잡듯이 뒤졌어도 범인의 흔적을 찾지 못했다. 계단을 이용했더라도 1층 엘리베이터 앞 폐쇄회로 TV에는 모습이 찍힐 수밖에 없는 구조였다. 역시 특이점은 찾아볼 수 없었다.

당시 사건을 담당했던 남양주경찰서 수사관은 이렇게 회상했다.

"수사할 수 있는 건 정말 다 뒤졌는데도 흔적이 없으니 나중에는 상상의 나래를 펼칠 지경이 됐다. 범인이 아직 입주하지 않은 빈집의 창문으로 침입해 계단을 이용했거나, 15층 아파트 옥상에서부터 내려왔다는 가정도 해봤다."

물론 이러한 침입 방식도 가능성이 없는 것으로 결론 났다. 실제로 A동 안에 미입주 세대가 있던 2층, 3층에는 사건 당일 출입한 사람이 없었다. 옥상에서 14층으로 내려간 흔적도 나오지 않았고, 1층부터 15층까지 계단 전체에서 실시한 혈액 반응에서도 특별한 것은 발견되지 않았다.

현장에 특이점이 전혀 없었던 것은 아니다. 피해자의 손톱 등에서 범인의 유전자 정보는 검출되지 않았지만, 집 안에 있던 물컵 등 식기에서 6명의 것으로 보이는 DNA 일부가 발견됐다. 신발장 거울에서는 지문도 나왔다. 하지만 지문은 1년여 전 이사할 때 일했던 이삿짐센터 직원의 것으로 확인됐고, 6명의 DNA 정보를 대조한 결과 용의자는 나오지 않았다.

경찰은 관련한 폐쇄회로 TV 영상을 모두 살펴봐도 용의자를 특정하지 못하자 이번에는 A동 주민 모두의 행적을 확인하고 사건 당일 아파트 단지에 출입한 차량을 확인해 운전자 모두를 조사했다. 하지만 5년여에 걸친 수사에도 범인의 흔적조차 찾을 수 없었다. 결국 이 사건은 2016년 1월 미제 사건으로 종결됐다.

경찰이 그동안 수사하면서 지문을 대조한 건은 442건, 통신 내역을 의뢰한 경우는 253건, 모발 감식 78건, 신발과 세면장, 의류에서 혈흔 반응을 실시한 경우도 48세대에 달했다. 그러다가 경기지방경찰청 제2청이 2016년 3월 경기북부지방경찰청으로 개청하면서 장기미제수사팀이 다시 수사를 재개했다. 이민희 장기미제수사팀장은 "다시 원점에서부터 시작한다. 면식범, 모르는 사람, 청부 살인까지 모든 가능성을 열어두고 수사해 꼭 범인을 잡을 것이다"고 의지를 다졌다.

남양주 아파트 밀실 살인사건

사건 일지

2010년 11월 17일 아침 7시 피해자의 남편 박씨가 골프를 치러 집을 나선다.

아침 8시경 피해자 이씨가 지인과 전화 통화를 마치고 경로당을 가기 위해 집을 나서려 한다.

아침 8시경부터 정오 전까지 이때 이씨가 살해된 것으로 추정된다.

밤 11시 남편이 귀가해 안방 침대에 살해된 채 쓰러져 있는 피해자를 발견한다. 집 안에서는 범인이 흉기로 사용한 부엌칼과 범인의 발자국이 발견된다. 범인이 신었던 슬리퍼는 바닥에 혈흔이 묻은 채 화장실의 원래 자리에 놓여 있었다.

2016년 1월 사건은 5년여에 걸친 수사 끝에 결국 범인의 자취를 찾지 못하고 미제 사건으로 종결된다.

3월 경기지방경찰청 제2청이 경기북부지방경찰청으로 개청하면서 장기미제수사팀이 수사를 재개한다.

사건 포인트

- **강도의 우발적 살인인가** 피해자는 상당한 재산을 가졌지만 개인적 원한을 산 일이 없었다. 또 범인이 작은방의 장롱을 뒤진 흔적이 나왔으나 그 밖에 사라진 물건이 없어 강도의 우발적 살인으로는 보기 어렵다.

- **면식범의 소행인가** 범인은 범행 도구로 집 안에 있던 부엌칼을 사용했다. 범행 당시 슬리퍼를 신고 범행을 저지른 뒤 다시 제자리에 돌려놓았다. 여기에 피해자의 집 현관과 창문을 강제로 열고 침입한 흔적이 없는 것을 보면 피해자가 아는 사람에게 문을 열어줬을 가능성이 있다. 가족을 살펴보면 피해자가 자신의 명의로 보험에 든 적이 없고 재산 다툼도 없었다. 사건 당일 알리바이도 확실했다.

- **다른 범행 가능성** 가족 이외의 면식범일 수 있다. 청부 살인도 가능성이 있다.

완벽한 알리바이에 용의자도 없다

남양주 아파트 밀실 살인 사건의 범인은 그림자 흔적조차 남기지 않았다. 경찰이 그나마 용의 선상에 올린 사람들은 사건 당일 알리바이가 있어 수사는 난항에 부딪혔다. 우선 범인이 현장에서 훔쳐간 물건이 없어서 강도가 저지른 우발적 살인으로 보기는 힘들었다. 범행에 부엌칼과 화장실 슬리퍼를 사용할 만큼 집안 내부를 잘 안다는 점 때문에 경찰은 가족들의 행적을 먼저 살펴봤다. 하지만 사건 당일 골프장에 다녀왔다는 남편은 알리바이가 있었다. 아파트 폐쇄회로 TV에는 박씨가 이날 오전에 나갔다 밤에 들어오는 모습이 찍혀 있었고, 휴대폰 사용 내역에서도 이동 경로가 확인됐다. 골프를 친 뒤 함께 술을 마셨다는 일행의 증언도 나왔다. 피해자가 자신의 명의로 거액의 보험에 가입한 사실도 없고 재산상 다툼 등도 나오지 않았기에 다른 가족도 의심을 살 대목이 없었다.

피해자와 아파트 옥상에서 고추를 말리는 이유로 말다툼을 한 적이 있다는 이웃도 주목을 받았다. A동에 입주해 있던 48세대 모두 대상으로 신발장과 세면장은 물론 의류에 이르기까지 혈액 반응 검사를 실시했는데 이 사람은 집중 조사도 받았다. 경찰은 집 거실에 깔린 카펫을 긴급 압수하고 거짓말탐지기까지 동원해 살펴봤지만 역시 특별한 건 나오지 않았다. 경찰은 재수사에 들어가면서 원점에서부터 수사 기록을 다시 살펴보고 있다. 범인의 자수나 주변 사람들의 제보를 통해 사건을 풀어나가기 위해 제보도 기다리고 있다.

2005년 5월 광주광역시 광산구 한 주유소에서 주유소장(45세)이 살해된 '광주 주유소장 살인 사건'도 여전히 미제로 남아 있는 대표적 밀실 살인 사건이다. 열쇠는 사무실에 그대로 있었고, 주유소장은 뒤편 창고에서 숨진 채 발견됐다. 범인은 키 180센티미터, 몸무게 90킬로그램의 건장한 그를 어떻게 제압했을까. 경찰의 수사 결과 범인은 주유소 사무실의 출입문을 잠그고 뒤편에 있는 160센티미터 높이의 창고 창문으로 달아난 것으로 밝혀졌다. 주유소에 있던 180만 원의 현금이 사라졌지만 단순 강도의 소행이라고 하기엔 둔기에 수십 차례 맞은 시신의 모습이 너무 처참했다. 또 이상하게도 주유소장의 휴대폰이 사라졌는데, 범행 추정 시간에 그 휴대폰으로 다른 조합 직원에게 전화가 걸려온 것이 나중에 확인됐다. 사건 당일인 일요일 밤 피해자가 죽기 전에 마지막으로 주유소를 찾은 손님들이 의심을 받았고, 건물주도 한때 용의자로 떠올랐다. 피해자가 창고까지 끌려간 것이 아니라 별 저항 없이 따라간 것으로 보이는 점, 그 후 범인이 굳이 창고 창문을 통해 건물 뒤편으로 달아난 것으로 보아 범인이 면식범이고 주변 지리를 잘 아는 인물이라는 추정도 가능하다. 수사 과정에서 숨진 주유소장이 면세유를 빼돌린 정황이 드러나면서 경찰은 이 사실과 사건이 연관된 것으로 보고 용의자를 특정했다. 하지만 주변에 폐쇄회로 TV도 없고 목격자도 없어 증거를 확보하지 못한 상황에서 사건은 결국 미궁에 빠졌다.

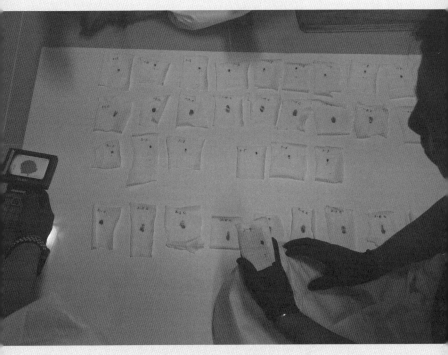

2018년 대구과학수사연구소 혈흔형태분석 실험실이 사건 현장에서 의복에 묻은
비산혈흔과 접촉혈흔의 차이를 구별하기 위해 의복에 혈액을 떨어뜨리는 낙하
실험을 한 후 표본의 차이를 살펴보고 있다. **사진 한국일보**

6.
청주 비닐봉지 살인 사건

얼굴에 검은 비닐봉지…
목 조른 흔적도 없는데 질식사

길바닥에 살얼음이 남아 있는 추운 겨울이었다. 2009년 2월 1일 오후 6시 20분쯤 대전 신탄진 금강변으로 산책을 나온 A씨는 그날따라 애완견이 유독 정신 사납게 고개를 돌리며 뭔가를 찾는다는 생각이 들었다. 정신없이 뛰어가는 개를 쫓던 A씨는 메마른 수풀 속에서 이상한 물체를 발견하고는 다리가 풀렸다. 머리에 검은 비닐봉지가 씌워진 채 꽁꽁 언 시신이 거기에 있었다. A씨는 곧장 경찰에 신고했다.

즉각 수사에 나선 경찰은 시신이 열하루 전인 1월 21일 '미귀가자'로 신고된 이진숙(57세) 씨라는 것을 확인했다. 검은 비닐봉지로 머리를 덮어 싼 것 외에 시신은 특이점이 없었다. 휴대폰과 핸드백 등 소지품뿐 아니라 실종 당시 입고 있던 외투도 발견되지 않았다. 신발이 벗겨져 있었지만 옷과 양말에는 피나 흙이 묻어 있지 않았다. 이는 차 안이나 실내에서 살해된 뒤 유기됐다는 뜻이다. 들짐승이 왼쪽 손등을 갉아먹은 자국 외엔 외상도 없었다. 옷 속에 가려진 시신에선 남성의 체액이 발견됐다. 누군가 이씨를 강간한 뒤 살해한 게 분명했다.

그런데 한 가지가 이상했다. 보통 성폭력 사건에선 피해자가 저항하는 과정에서 상처가 생기곤 하는데 이씨의 시신 어디에도 결박하거나 폭행을 주고받은 흔적, 흉기를 사용한 흔적이 없었다. 심지어 범인이 이씨의 목을 조른 자국조차 발견되지 않았다.

이진숙 씨가 '그'를 만난 건 2009년 1월 18일 아침 시간이었다. 충북 청주의 한 대형마트에서 야간 미화원으로 일하는 이씨는 마트 영업이 끝나는 밤 10시에 출근해 청소를 시작해서 새벽 5시면 일을 마쳤다. 그리고 아침 6시쯤 도착하는 첫차를 타고 마트에서 4킬로미터가량 떨어진 청주 모충동의 집으로 돌아갔다. 버스가 도착하기 전까지 시간이 남으면 지하 1층 미화원 대기실에서 잠시 눈을 붙이다 마트를 나섰다. 8개월 전 마트 일을 시작한 뒤 매일 반복되는 일과다.

그날도 첫 버스가 도착하기 10분 전쯤 이씨가 마트를 나서는 모습이 폐쇄회로 TV에 남아 있었다. 살짝 눈발이 날리는 추운 날

씨였다. 청주 가경동 월천1교 옆 버스 정류장에서 기다린 지 5분쯤 흘렀다. 매일 제시간에 도착하던 버스는 그날따라 보이지 않았다. 아침 6시쯤 그녀 앞에 나타난 건 버스가 아니라 검은색 트라제XG 승합차였다.

처음에 반대 방향으로 달리던 차는 갑자기 유턴한 뒤 이씨가 서 있는 쪽으로 움직였다. 운전자는 이씨와 15미터쯤 떨어진 길거리에 차량을 세우고 3분간 멈췄다 다시 버스 정류장 앞으로 차를 움직였다. 키가 170~175센티미터에 40~50대 남성으로 추정되는 운전자가 차에서 내렸고, 그가 이씨에게 다가가 말을 건네면서 10초 남짓 짧은 대화가 오갔다. 이씨는 조수석 문을 열고 차량에 탑승했다. 차는 아침 6시 3분 청주 모충동 방향으로 출발했다. 이씨가 기다리던 버스는 그로부터 2분 뒤 도착했다.

같은 날 아침 6시 20분쯤 모충동 인근에서 휴대폰 전원이 꺼지면서 그녀는 완전히 행방불명됐다. 그리고 2주가 지나 실종된 버스 정류장에서 28킬로미터가량 떨어진 대전 금강변에서 이씨가 싸늘한 시신으로 발견된 것이다. 대전과 청주를 잇는 현도교 아래였다.

부검 결과 이씨는 그날 아침 8시부터 9시 사이에 사망한 것으로 추정됐다. 사인은 경부 압박에 의한 질식사. 뭔가에 목이 졸려 숨이 끊긴 것이다. 부검의의 소견에 따르면 목이 졸려 급사하는 보통의 질식사와 달리 이씨는 서서히 죽어간 것으로 확인됐다.

범인이 손으로 이씨의 목을 졸랐거나 끈 같은 다른 도구로 조른 자국도 없었다. 머리에 뒤집어씌운 검은 비닐봉지를 고정하기 위해 두 번 묶은 매듭. 그 자국이 이씨의 목에 남은 유일한 흔적이었다. 범인이 부드러운 수건 등으로 입을 막아 질식시켰을 가능성도 있지만 시신이 발견된 장소에선 다른 범행 추정 도구가 발견되지 않았다. 게다가 마취제 같은 약물도 시신에서 검출되지 않았다. 제압한 흔적도, 반항한 흔적도 없었다는 말이다. 한마디로 엽기적이었다.

수사팀은 이씨 머리에 씌운 비닐봉지를 보고 두 가지 가설을 세웠다. 하나는 범인이 면식범일 가능성. 평소 이씨와 알고 지내던 범인이 범행 과정에서 이씨가 죽자 죄책감에 얼굴을 가리려고 사후에 머리에 비닐을 씌웠다는 추정이다. 면식범의 소행으로 볼 정황도 많았다. 교통 단속용 폐쇄회로 TV를 확인해보니 사건 당시 이씨가 용의자와 잠깐이나마 얘기를 나눈 뒤 바로 차에 탑승한 점이 눈에 띄었다. 이때 이씨의 저항이 심하지 않았던 점도 범인이 면식범이라는 데 힘을 실어줬다.

하지만 손으로 목을 조르지 않고 얼굴에 비닐봉지를 씌워 묶었다는 점에서 다른 의심도 가능했다. 범인이 비닐봉지를 씌워 놓고 이씨를 성폭행하며 서서히 질식시켰을 가능성이다. 범인이 피해자가 죽어가는 과정을 지켜보며 성적 만족을 느끼는 반사회성 인격 장애(사이코패스)일 가능성도 제기됐다.

경찰은 수사 초기엔 용의자가 면식범일 가능성에 무게를 두고 주변 인물 중에서 용의자를 찾으려 했다. 경찰이 우선 주목한 사람은 과거 이씨와 같은 동네에 살았던 박 모(당시 70세) 씨였다. 10년 전부터 알던 사이였는데 박씨가 이씨에게 일부러 돈을 빌려준 뒤 따로 만나자며 치근덕거렸다는 주변 사람들의 진술도 나왔다. 하지만 박씨의 DNA는 시신에서 나온 것과 달랐다. 다른 주변 인물도 이씨의 남편부터 대형마트의 남자 직원들까지 DNA를 대조했지만 일치하는 사람을 찾을 수 없었다. 유사한 전과가 있는 이들의 DNA 정보도 대조했지만 범인은 나오지 않았다.

다른 실마리는 용의자가 타고 있던 차량이었다. 하지만 안타깝게도 이씨의 마지막 모습이 찍힌 주정차 단속용 폐쇄회로 TV는 화질이 나빠 차량 번호를 식별할 수 없었다. 경찰은 범행을 전후해 실종 현장과 시신이 발견된 곳 인근을 지나가거나 청주와 대전 등에 등록된 트라제XG 차량 1만 7300여 대를 조사했다. 동시에 차량 소유자나 운전자 중 알리바이가 불확실한 800여 명의 DNA를 확인했다. 그러나 범인의 DNA와 일치하는 사람은 없었다. 1년간 주변 인물과 전과자 등 1000여 명의 유전자 정보를 확인했으나 마찬가지 결과가 나왔다.

최근에는 트라제 동호회 회원과 정비사에게 폐쇄회로 TV 영상을 보여주고 법영상 전문가에게 의견을 구하면서 단서를 찾아가고 있다. 트라제는 한때 국내 미니밴 시장을 이끌던 차종 중 하나다. 발전된 법영상 기술에 힘입어 범행에 쓰인 트라제의 출시 연도와 차량 구매시 선택하는 옵션 등으로 차량 범위를 한층 좁힐 수 있었다. 그리고 보조 브레이크등이 차 뒷좌석 유리창 안쪽에 있는 것으로 봐서 LPG 차량인 것으로 추정됐다.

또 최신 기술 덕분에 좀 더 선명한 폐쇄회로 TV 영상을 확인하게 되면서 용의자와 이씨가 말을 주고받은 장면에 대해 다른 분석이 나왔다. 용의자가 말을 걸자 이씨가 흠칫 뒤로 물러나는 모습이 보였다는 것이다. 그렇게 뒷걸음을 칠 정도면 용의자는 피해자의 입장에서 모르는 사람일 가능성도 열려 있는 셈이다.

범인이 자취를 감춘 것처럼, 청주 시민들의 머릿속에서도 이씨 사건은 잊혀가고 있다. 이씨가 일했던 마트에서도 사건을 기억하는 사람은 거의 없었다. 당시 사건을 기억하는 동료 미화원 박 모 씨는 "범인은 진작에 잡힌 것 아니냐"며 반문하기도 했다. 가족들조차 더는 사건 해결을 기다리기 힘들어 기대를 놓아버린 상황에서 경찰은 이씨의 원한을 풀 유일한 방법은 범인을 잡는 것뿐이라고 본다. 2016년 2월 충북지방경찰청 미제사건수사팀은 이씨가 발견됐던 그 즈음에 맞춰 재수사를 시작하며, 사건

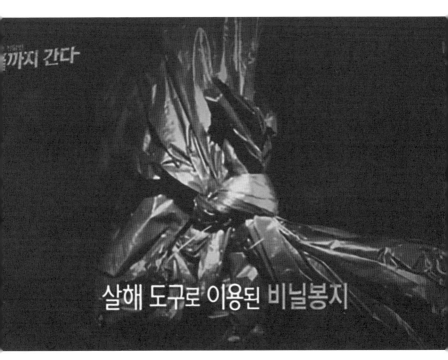

살해 도구로 이용된 비닐봉지

해당 사건은 KBS 프로그램 '미제사건 전담반 끝까지 간다'에 소개됐다. 시신이 발견된 장소에선 피해자의 머리에 씌운 비닐봉지 외에 다른 범행 추정 도구가 발견되지 않았다. **사진 방송 화면 캡처**

파일에 적힌 범인의 동선과 현장을 하나하나 따라가면서 사건을 되짚었다고 한다. 이씨가 발견된 금강변 유기 현장에서 수사팀은 이씨의 영혼을 달래며 소주 한 잔도 건넸다.

"죗값을 치르기 위해서라도 '그놈'은 꼭 살아 있어야 합니다. 우리가 반드시 잡을 겁니다."

범인이 죽은 게 아니라면 그는 이씨를 살해한 뒤 경찰에 잡히지 않은 채 과거를 숨기고 지금도 사람들 속에서 살아가고 있다는 것이다.

사건 당시 피해자의 동선

2009년 1월 18일 새벽 5시 50분　피해자 이씨가 일터인 청주의 한 대형 마트에서 퇴근한다.

새벽 5시 55분　이씨가 가경동 월천1교 옆 버스 정류장에 도착한다.

아침 6시 3분　아침 6시쯤 버스를 기다리던 이씨 앞에 범인의 차가 나타난다. 이씨는 곧 범인의 차를 타고 모충동 방향으로 이동한다.

아침 6시 20분　이씨 휴대폰의 전원이 꺼진다.

아침 8시부터 9시 사이　부검 결과 이때 이씨가 사망한 것으로 추정된다.

2월 1일 오후 6시 23분　대전 신탄진 금강변에서 이씨의 시신이 발견된다.

사건 포인트

- **면식범 소행인가** 살해 후 시신의 얼굴에 검은 비닐봉지를 씌우는 것을 봐서는 죄책감을 느낀 면식범의 소행일 수 있다. 하지만 주변 인물을 조사한 결과 시신에서 발견된 DNA와 일치한 이가 없었다.

- **사망 전 비닐봉지를 씌웠다면** 손끝으로 목을 조르는 대신 비닐봉지로 얼굴을 덮어 질식시킨 것이라면 범인은 사이코패스일 수 있다. 2006년 연쇄살인범 김윤철의 수법과 동일해 보인다. 그런데 비닐봉지를 씌운 시점은 부검한 결과 확인할 수 없었다. 가학적 변태 성행위를 저지른 흔적도 나오지 않았다.

- **마지막으로 목격된 정체불명의 남성** 피해자가 사라진 그날 아침 그는 범행에 검은색 트라제XG 차량을 이용했다. 실종 장소인 버스 정류장의 폐쇄회로 TV를 확인한 결과 키는 170~175센티미터, 40~50대 남성으로 추정된다.

가까운 사이였다면 죄책감, 비닐과 테이프로
꽁꽁 묶으면 살인 도구나 가학적 성 취향

악명 높은 '화성 연쇄살인 사건'에서 피해 여성들은 얼굴에 속옷을 덮어쓴 채 발견됐다. 이처럼 살인을 저지른 뒤 피해자의 얼굴을 가리거나 무언가로 묶는 범죄는 자주 발견된다. 여기서 범죄 전문가들은 얼굴을 가린 정도와 방법에 따라 범죄 의도는 다르게 해석된다고 설명한다.

전문가들은 살인범이 시신의 얼굴을 가리는 행위의 이유를 죄책감으로 분석한다. 주로 가족이나 지인 등 자신과 가까운 사이였던 사람을 살해했을 경우 얼굴을 가리는 경우가 많다. 2015년 12월 쉬 모(33세) 씨가 제주에서 평소 만나던 중국 여성 A(23세) 씨를 흉기로 찔러 살해한 '제주 중국 여성 살인 사건'에서, 범인은 시신을 유기하는 과정에서 미안함을 느껴 얼굴만 흙으로 덮었다고 진술했다. 그는 피해자의 목에 자신의 지문이 남아 있을까 봐 집에서 가져온 락스를 시신에 뿌리면서도 얼굴을 보고 연민을 느꼈다고 했다. 한국인 여성과 결혼해 제주에서 관광 가이드 일을 하던 쉬씨는 사건 발생 두 달 전 중국 SNS를 통해 A씨와 처음 만났으며, 살해 당시 A씨는 쉬씨의 아이를 임신한 상태였던 것으로 확인됐다.

범인이 시신의 얼굴을 가리는 것을 넘어 비닐을 씌우거나 테이프로 싸맨다면 이는 단순히 죄책감에 따른 행위로 볼 수만은 없다. 머리를 싸맨 비닐은 일종의 살인 도구였거나 살인범의 가학적 성 취향을 반영하는 것일 수 있다.

2006년 경기 군포와 안양, 의왕 등지(반경 5킬로미터 내)에서 20대 초중반의 젊은 여성 3명을 납치해 살해한 뒤 유기한 연쇄살인범 김윤철(26세)이 그런 경우다. 피해 여성 중 둘은 알몸 상태로 풀숲에 버려졌고, 다른 한 명은 불에 태워져 유기됐다. 김윤철의 손에 희생된 피해자들은 발견 당시 입에 모두 팬티가 물려 있었고, 팔이 몸 뒤로 꺾인 채 양손이 비닐끈에 결박돼 있었다. 얼굴에는 포장용 투명 테이프가 칭칭 수십 차례 감겨 있었다. 사인은 모두 질식사였다. 김윤철은 여성들을 죽이기 위해 그들의 머리를 '포장'해버렸다. 그는 경찰 조사에서 "카드빚 1000만 원을 갚기 위해 범행했다"고 진술했지만, 범죄 심리 분석관들은 이러한 범행 방식에서 가학적 성향을 엿보았다.

2005년과 2006년 서울 신정동 일대에서 발생한 장기 미제

화성 연쇄살인 사건을 소재로 만든 영화 '살인의 추억'이 폭발적인 인기를 끌었던
2003년 5월 당시, 경기 화성군 태안읍 태안파출소 3층에 차려진 화성연쇄살인사건
수사본부. 사건별 분석표에 1차부터 10차 사건까지 피해자, 사망 일시, 발견 일시
및 장소, 날씨 및 행적, 발생 개요 등이 정리돼 있다.

사진 한국일보

'신정동 연쇄살인 사건'에서도 두 번째 피해자는 발견 당시 머리가 검은 비닐봉지에 싸인 채 전신이 노끈과 대형 비닐봉지로 꽁꽁 묶여 있었다. 첫 번째 피해자는 쌀 포대 2개를 위아래로 뒤집어쓰고 노끈으로 묶인 상태였다. 두 피해자 모두 목이 졸려 질식사한 것으로 밝혀졌다. '안양·군포 연쇄살인 사건'과 마찬가지로 범인이 피해자들의 성기에 이물질을 넣는 등 이상 성향을 드러냈다.

청주 비닐봉지 살인 사건의 피해자 이진숙 씨의 경우 시신에서는 변태 성행위나 외상 흔적이 발견되지 않았다. 범인이 이씨 머리에 검은 비닐봉지를 씌운 의도가 명확하지는 않다. 국립과학수사연구원의 부검 결과 범인이 이씨가 사망한 후 비닐봉지를 씌웠는지, 아니면 처음부터 비닐봉지가 직접적 살인 도구였는지는 정확히 확인되지 않았다. 배상훈 서울디지털대 경찰학과 교수는 고의였을 가능성에 무게를 뒀다.

"얼굴을 가리는 데서 그치지 않고 비닐봉지를 두 번이나 묶었다면 살인을 위해 고의적으로 그랬을 가능성이 높아 보인다. 면식범이나 전과자 등에서 범위를 넓혀 수사해야 할 것이다."

7.
울산 초등학생 방화 살인 사건

시커먼 연기 속 청테이프로
손과 입 묶인 채 숨진 아이가…

꼭 10년 만이다. 장갑병 팀장은 잊고 싶어도 잊히지 않던 사건을 다시 맡게 됐다. 2016년 1월 울산지방경찰청 미제전담수사 팀장으로 발령받고 나서 사건 파일을 다시 꺼내 들었다. 여덟 살밖에 안 된 아이의 입과 손을 청테이프로 꽁꽁 묶고 불을 내 죽인 잔혹한 범죄였다. 울산을 떠들썩하게 했던 '남구 초등학생 방화 살인 사건' 당시 그는 울산남부경찰서 강력팀 소속으로 초동수사를 맡았었다. 사진 속 희생된 아이의 모습은 10년 전 그대로다. 살아 있었다면 아이는 지금쯤 고등학교 2학년이 됐을 것이다. 어린 생명을 무참히 살해한 범인은 지금 어디서 무엇을 하고 있을까.

가을이라고 하기에는 여전히 무더웠던 2006년 9월 6일 오후 3시 52분. 강력4팀에 한 통의 전화가 걸려왔다. 화재 현장에 출동한 소방관의 급한 목소리였다.

"화재 현장에서 사람 발견. 달동 A아파트 13층⋯."

화재 진압이 한창인 현장, 한 치 앞도 보이지 않는 시커먼 연기 사이로 소방대원이 초등학교 1학년 박정호(8세) 군을 업고 나왔다. 정호의 입과 양손은 청테이프로 묶여 있었다. 소방대원이 다급히 테이프를 떼어냈지만 아이는 이미 숨진 뒤였다.

15평 남짓한 집에 들어서자 매캐한 냄새가 코를 찔렀다. 화재 진압 과정에서 뿌린 물에 집기가 튕겨 나가는 바람에 집은 아수라장이 됐다. 정호는 큰방에서 쓰러진 채 발견됐다. 정호 옆엔 검게 그을린 야구방망이와 부엌칼이 놓여 있었다. 부검 결과 정호의 직접 사인은 질식사로 나왔다. 오른쪽 뒷머리를 한 차례 둔기로 세게 맞아 생긴 상처 외에 특별한 외상은 없었다. 기도에 희미하게 남아 있는 그을음으로 미뤄볼 때 정호는 머리를 맞아 의식을 잃고 호흡이 약해진 상태에서 발생한 화재 연기에 질식해 숨진 것으로 추정됐다.

범인은 큰방과 작은방에 불을 지른 뒤 진열장에 놓여 있던 열쇠로 현관문까지 잠그고 사라졌다. 사건 직후 베테랑 형사 50여 명이 수사본부를 차리고 범인을 쫓았지만 오리무중이다.

2019년 4월 17일 경남 진주 가좌동의 한 아파트에 거주하는 주민이 본인 집에 불을 지른 뒤 계단에서 대피하는 이웃 주민들을 상대로 흉기를 휘둘러 5명이 숨지는 사건이 발생했다. 소방관과 경찰 관계자 등이 현장 감식을 하고 있다.
사진 한국일보

"정호야, 집에 도착했나? 엄마는 교육받으러 가니까 문 잘 잠 그고. 쌤 오실 때까지 숙제 단디 하고 있으래이."

사건 당일 낮 12시 38분. 조금 전 같은 반 친구 시후와 함께 집에 도착한 정호는 엄마의 전화에 "알았다"고 답했다. 모자간에 주고받은 마지막 통화였다.

엄마의 당부와 달리 정호는 현관문을 열어 놓은 채 있었다. 차량 탁송기사로 일하는 아버지 박 모(54세) 씨는 일 때문에 새벽에 집을 나섰고, 인근 노동부 인력개발센터에서 교육받던 어머니도 정오부터 집을 비운 참이었다.

학교에서 함께 돌아와 정호와 놀던 시후는 40분 뒤 집을 나섰다. 시후는 "나올 때 정호는 TV를 보고 있었고 문은 열린 상태"였다고 진술했다. 대각선 방향 옆 동에 사는 지인 B씨도 "오후 1시 45분쯤 정호네 집을 봤을 땐 문이 열려 있었지만, 50여 분 뒤 다시 봤을 땐 닫혀 있었다"고 했다. 오후 2시 30분 방문학습지 교사 C씨가 정호네 집을 찾았을 때는 문이 잠겨 있었다. 교사는 문을 두드려도 기척이 없자 포스트잇만 붙여 놓고 다른 집으로 향했다. 이러한 증언에 토대해 범행 시간은 오후 1시 45분에서 2시 30분 사이로 추정됐다.

정호는 왜 문을 열어 놓고 있었을까. 더운 날씨 때문이었을까, 아니면 TV를 보는 데 정신이 팔려 문 닫는 것을 깜박한 것일까.

정호 엄마는 그 사실을 "도저히 이해할 수 없다"고 했다. 그러면서 아는 사람이 열린 문으로 들어왔을 가능성에 주목했다. 낯선 이에게 격렬히 저항했거나 제압을 당했다면 손톱 밑 등에서 범인의 유전자 정보가 나오거나 또 다른 상처가 있어야 하는데 아무것도 발견되지 않은 점도 이상했다.

학교 폭력? 원한? 가정 폭력? 의문이 꼬리에 꼬리를 물었다. 정호는 내성적인 성격이기는 했지만 학교나 가정에서 잘 지냈다. 부모가 주변의 원한을 사지도 않았다. 게다가 이날 집을 다녀간 사람들은 죄다 범행 추정 시간대에 알리바이가 있었다.

면식범이 아니라면 혹시 제삼의 인물일까. 1993년 준공된 A아파트는 복도식 구조다. 입구는 물론 단지 내부에도 폐쇄회로 TV는 없었다. 보안장치 없는 유리문은 늘 활짝 열려 있었다. 누구든 마음만 먹으면 들어올 수 있는 구조다. 절도범이나 강도가 정호네 집의 문이 열린 것을 보고 들어와 칼을 들고 위협하는 바람에 정호는 반항하지 못하고 단 한 차례 가격에 의식을 잃었을 상황도 배제할 수 없다.

인근에 사는 전과자와 중고생까지 1000명 넘게 살펴봤지만 범인의 흔적은 찾지 못했다. 범인이 화장대 서랍을 뒤져 귀금속 5점을 가져가기는 했지만, 같이 있던 현금과 정호의 목에 걸려 있던 금목걸이는 고스란히 남아 있어 금품을 목적으로 한 범행으로 단정하기도 어렵다.

가장 난감한 건 증거물을 확보하는 일이었다. 범행에 사용된 것으로 추정되는 야구방망이와 칼, 청테이프 어디에도 범인의 흔적은 남아 있지 않았다. 족적도 방화수의 물살에 쓸려 사라졌고, 목격자도 없다. 유일한 단서는 범인이 가져간 귀금속 5점(모두 18K 금, 당시 시가 100만 원)이었다. 정호의 이름과 주민등록번호가 새겨진 목걸이용 메달, 집 전화번호와 이름이 새겨진 아기 팔찌, 휴대폰 줄, 체인 팔찌 2점. 수사팀은 장물을 찾는다는 전단을 만들어 부산과 울산 지역 금은방에 뿌렸다. 10년이 지나도록 소식이 없지만 아직도 실낱같은 기대를 놓지 않는다.

장팀장은 새로 수사에 착수하면서 10년 만에 다시 정호의 부모를 만났다. 사건 발생 후 부부는 씻을 수 없는 상처를 안긴 울산을 떠나 부산으로 이사해 지금까지 둘이 살고 있다. 정호 엄마는 여전히 아들의 모습을 생생히 기억하고 있었다. "조용하고 내성적이었지만 엄마에게만은 뽀뽀도 잘하고 애교가 넘치던 아들이었다"라며 눈물을 흘렸다.

혹시 새로운 단서가 나올까 싶어 A아파트를 다시 찾았지만 2006년 사건을 기억하는 사람은 거의 없었다. 많은 사람이 이사 갔고 경비 직원도 바뀌어 있었다. 아무것도 없는 맨땅에서 다시 시작해야 한다. 하지만 수사는 멈추지 않을 것이다. 장팀장의 경찰 인생 26년에서 맡은 살인 사건 중 해결하지 못한 것은 이 건이 유일하다. 그는 형사의 자존심을 걸고 채 피지 못한 어린 소년의 목숨을 앗아간 범인을 꼭 잡고 말겠다고 했다.

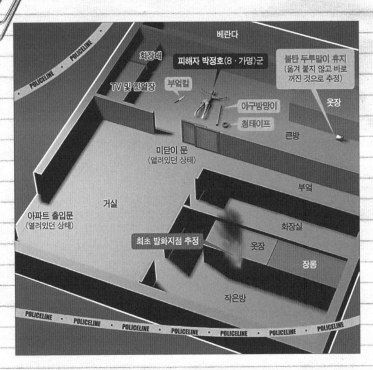

사건 당일(2006년 9월 6일) 상황

새벽 5시 아버지 박씨가 경기 화성으로 출근한다.

아침 8시 30분 정호가 등교한다.

낮 12시 어머니는 노동부 인력개발센터에서 교육을 받기 위해 외출한다.

낮 12시 30분 하교한 정호는 친구 시후와 함께 울산 남구 달동의 아파트로 귀가한다.

122

오후 1시 10분 시후가 정호네 집을 나와 자기 집으로 귀가한다. 나올 당시 현관문이 열려 있는 상태였다.

오후 1시 45분 옆 동에 사는 이웃이 정호네 집을 봤을 때 현관문이 열려 있는 상태였다.

오후 2시 30분 학습지 교사 C씨가 방문했는데 그때는 문이 닫혀 있었다.

오후 3시 41분 이웃 사람들이 화재가 난 것을 보고 신고한다.

오후 3시 50분 소방대원들이 출동해 화재 현장에 진입한다.

오후 3시 52분 화재 현장에서 정호를 발견하고 경찰에 신고한다. 정호는 이때 이미 숨진 상태였다.

오후 4시 9분 화재를 완전 진압한다.

사건 포인트

- **사인** 오른쪽 뒷머리를 둔기로 세게 맞은 자국과 뇌가 손상된 흔적이 보였다. 기도에 희미하게 그을음이 남은 것으로 봐서는 정호는 의식을 잃은 뒤 화재 연기에 질식한 것으로 추정된다.

- **강도나 절도범의 소행인가, 면식범인가** 아파트는 복도식 구조이고 입구나 내부에 폐쇄회로 TV가 없었다. 아파트 입구 유리문에도 보안장치는 없어서 누구나 들어올 수 있다 보니, 강도나 절도범이 정호네 집의 문이 열려 있는 것을 보고 들어왔다 우발적으로 저지른 범행일 수도 있다. 귀금속도 5점 없어졌다. 그런데 정호의 몸에는 반항한 흔적이 없고 현금 등이 그대로 남아 있는 것을 볼 때 면식범일 가능성도 있다.

- **수사 단서** 유일한 단서는 정호의 이름과 주민등록번호가 적힌 사각 메달 등 없어진 금품 5점이다. 범인이 이것들을 장물로 내놓을 경우 귀금속점에서 역추적해 최초의 판매자를 검거할 수 있다. 무엇보다 화재로 인해 범행 현장에 증거가 대부분 없어진 상황에서 제보나 목격자의 진술이 중요하다.

화염과 진화 과정 중 증거 사라져 '미궁' 수두룩

화재로 인한 범행은 대부분 실내에서 발생하므로 목격자가 없기 쉽다. 불이 나고 물로 끄는 과정에서 증거가 사라질 가능성도 높아 범인을 잡기 어려운 사건 유형으로 꼽힌다.

2003년 4월 서울 송파구 삼전동 다세대주택 지하 1층에서 발생한 방화 살인 사건도 그랬다. 화재는 소방대가 출동하고 15분 만에 진압됐지만, 각각 다른 방에서 자고 있던 전 모(25세) 씨와 여동생(22세), 여동생의 약혼자 김 모(29세) 씨가 목과 옆구리 등에 날카로운 흉기에 수차례 찔려 숨진 채 발견됐다. 현장이 참혹하고 도둑맞은 금품이 없다는 점에서 단순 강도의 소행은 아니었다. 마침 그날은 여동생과 예비 신랑 김씨의 양가 상견례가 있던 날이었다. 당시 경찰은 범인이 이들을 살해한 뒤 증거를 없애려고 불을 지른 것으로 보고 대대적인 수사에 나섰다. 우선 사체에 난 서로 다른 흉터로 보아 2명 이상이 범행에 가담한 것으로 추정했다. 하지만 울산 초등학생 방화 살인 사건처럼 사건 현장 주변에는 목격자도, 폐쇄회로 TV도 없었다. 이미 현장은 화재로 훼손됐고 불을 끄는 과정에서 증거들이 소방수에 쓸려나가 이렇다 할 증거를 찾지 못했다. 여동생이 손에 움켜쥔 한 움큼의 머리카락이 유일한 단서였다. 하지만 당시 과학수사 기술로서는 모근이 없어 누구의 머리카락인지 밝혀낼 수 없었다. 이후 경찰은 전씨 남매가 사채업자에게서 수천만 원을 빌려 쓴 것을 밝혀내면서 다른 가능성에 주목했다. 사건은 지금도 여전히 미제로 남아 있다.

2004년 5월 충남 서천군의 한 카센터에서 발생한 방화 살인 사건도 증거가 없어 미궁에 빠진 상태다. 전소된 잔해 속에서 카센터 주인집의 여덟 살 쌍둥이 남매와 이웃에 사는 여성 김 모 씨의 시신이 발견됐다. 경찰은 시신들이 가지런히 누운 모습과 대피하려 한 흔적이 없는 점을 볼 때 화재 때문에 죽은 게 아니라 범인이 살해한 후 증거를 인멸하려고 불을 지른 사건으로 추정했다. 하지만 현장이 모두 소실된 데다 진화 과정에서 뿌린 물에 휩쓸려나가 증거를 찾을 수 없었다. 카센터 여주인(43세)의 행적이 묘연했는데 사건 발생 여드레 후 인근 수로에서 흉기에 찔려 숨진 채 발견됐다. 당시 경찰은 최면 수사까지 동원해 사건 당일 남녀 서너 명이 카센터 앞에서 여주인과 승강이를 벌였다는 진술을

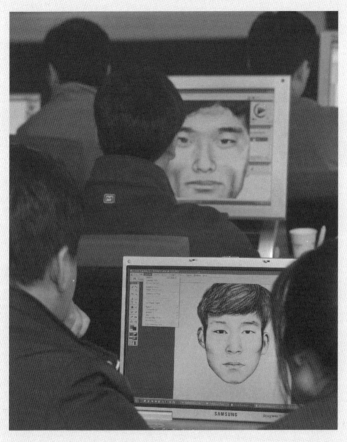

경찰청 과학수사교육장에서 전국 경찰서 과학수사대 요원들이 컴퓨터를 이용한 몽타주 작성법을 배우고 있다. **사진 한국일보**

확보했다. 또 여주인의 남편인 카센터 사장이 당시 부재할 것을 알고 밤늦게 카센터를 찾은 점을 볼 때 면식범일 가능성에 무게를 뒀다. 그 후 낯선 방문객들의 몽타주를 만들었지만 아직까지 별다른 성과를 거두지 못하고 있다.

한 과학수사팀 소속 수사관은 "지문 채취와 DNA 분석 기법은 10년 전에 비해 비약적으로 발전했지만 화재 현장에서 발견된 흔적을 되살리는 데는 여전히 어려움이 있다"고 토로했다. 울산지방경찰청 미제사건팀장 장갑병 경위도 방화 사건의 어려움을 털어놓았다.

"미제 사건이라도 현장에서 증거가 발견된다면 조금이라도 추적이 가능한데 화재 현장은 증거 자체가 남는 경우가 적어 수사가 막막하다. 목격자도 폐쇄회로 TV도 없는 사건이니만큼 제보를 절실히 기다리고 있다."

8.
정읍 화물차 사무실 살인 사건

감쪽같이…
빚과 살인 혐의에서 도망친 '희귀병 40대'

"사람은 흔적을 남기지 않고 살아갈 수 없는 존재다. 벗어 던진 윗도리에 체온이 남아 있는 것처럼, 머리빗 사이에 머리카락이 끼어 있는 것처럼 어딘가에 무언가가 남아 있다."

미야베 미유키의 장편 추리소설 〈화차〉에서 친척 동생의 사라진 약혼녀 세키네 쇼코를 추적하는 전직 경찰 혼마 슌스케는 이렇게 독백했다. 책은 빚의 구렁텅이에서 벗어나기 위해 살인을 저지르고 자신이 죽인 이의 탈을 쓰고 살아가는 세키네와 그 뒤를 쫓는 혼마의 얘기다. 여기 세키네와 닮은 한 남성이 있다. 지난 2009년 4월 25일 전북 정읍에서 자취를 감춘 뒤 10년 넘도록 흔적조차 발견되지 않은 성 모(45세) 씨다.

정읍에서 화물차 기사로 일하던 성씨에게 2009년 4월 20일은

절망의 하루였다. 그는 부인 A씨의 생일이던 이날 전주지방법원에서 파산 선고를 받았다. 빚은 갚을 수 없을 만큼 불어났고 부인과 딸 셋까지 딸린 가장에겐 파산만이 새 출발을 위한 유일한 선택지였다.

하지만 이날도 빚 갚으라고 독촉하는 전화는 어김없이 걸려왔다. 도박판에서 속칭 '전주(도박 자금 대주는 사람)' 역할을 했던 이 모(37세) 씨였다. 성씨가 다니던 D화물차 대표의 동생인 이씨는 이따금 사무실에 들러 기사들에게 도박 자금을 꿔주는 사람이었다. 파산 전날에도 성씨는 한 푼이라도 따자는 심정으로 이씨에게서 50만 원을 빌렸다.

그날 밤 부인 A씨의 눈에 성씨의 행적은 어딘지 모르게 이상했다. 전주에서 재판을 마치고 오후 5시 20분 정읍에 도착했다던 남편은 저녁 8시가 넘도록 집에 돌아오지 않았다. 성씨를 찾으러 30분 후 화물차 사무실에 갔지만 아무도 없었다. 다시 1시간이 지나 집에 돌아온 성씨의 몰골은 엉망이었다. 머리카락과 바지가 흥건히 젖은 데다 옷도 흙투성이어서 마치 흙탕물에서 구른 사람 같았다. A씨가 손등에 상처까지 입은 남편에게 "무슨 일이냐"고 걱정스레 묻자 성씨는 "넘어져서 다쳤다"고만 했다.

자는 줄 알았던 성씨는 이튿날 오전 2시 30분 또 사라졌다. 처음 보는 승용차 흰색 SM3를 타고 어디론가 향한 남편은 1시간쯤 뒤 집에 들어와 다시 잠을 청했다.

비슷한 시간 이씨의 부인과 친형은 애타게 남편과 동생의 행방을 찾고 있었다. 4월 20일 점심을 먹고 집을 나선 이씨가 휴대폰을 꺼둔 채 다음날 아침까지 나타나지 않았기 때문이다. 경찰에 실종 신고부터 한 형은 동생의 흔적을 찾기 위해 사무실을 유심히 살펴봤다. 아니나 다를까 사무실 바닥과 바깥 마당 곳곳에 핏자국이 눈에 띄었다. 누군가가 동생을 죽인 뒤 시체를 들고 도주했을 수도 있다는 불길한 예감이 머리를 스쳤다.

단순 실종은 즉각 강력 사건으로 전환됐다. 경찰은 성씨를 의심했다. 4월 21일 곧바로 그를 불러 조사를 했다. 살인 후 시체유기가 이뤄졌을 거라고 추정되는 4월 21일 오전 2시 30분부터 새벽 4시까지 행적에 대해, 성씨와 아내 A씨의 진술이 엇갈렸다. A씨는 그 시간에 "남편이 차를 타고 나갔다"고 했지만, 성씨는 "집 근처에서 맥주를 마셨다"고 둘러댔다. 번호판이 바뀐 채 정읍 아산병원 주차장에 세워져 있던 이씨의 SM3 차량 안에서도 성씨의 지문이 발견됐다. 성씨가 이씨와 빚 문제로 다투다 이씨를 죽이고 시체를 어딘가에 버렸을 가능성이 컸다. 성씨가 도주 경로를 들키지 않으려 이씨의 차에 훔친 다른 차 번호판까지 달았다고 경찰은 추정했다.

그런데 경찰이 성씨를 재소환하려던 4월 24일 그는 이미 도피 계획을 짜놓은 상태였다. 성씨는 이날 정읍 신태인역 앞에서

부인과 딸들을 만났다. 가족과 함께 전북 부안 버스터미널 근처 한 모텔에서 하룻밤을 묵은 뒤 4월 25일 오전 10시 헤어졌다. A씨는 "남편이 이삼일 머리를 식히고 온다고 해서 현금 10만 원과 현금카드 1장을 주고, 양말과 속옷 등을 사주고 헤어졌다"고 경찰에 진술했다. 성씨는 가족과의 만남을 마지막으로 감쪽같이 사라졌다.

수사의 변곡점은 실종 5년 만에 이씨의 백골 사체가 나타나면서 찾아왔다. 사체는 2014년 7월 16일 사건 발생 장소로 추정되는 D화물차 사무실에서 불과 3킬로미터 떨어진 공사장의 폐정화조 안에서 발견됐다. 현장 공사를 하다 우연히 사람들의 눈에 띈 것이다. 사체의 유전자 정보는 범행 현장에서 발견된 이씨 혈흔의 DNA와 일치했다. 사체의 좌우 늑골 10여 곳에 예리한 흉기 자국이 있었고, 걸친 옷에서도 흉기에 찔린 구멍이 있었다.

1년 뒤 '태완이법'이 국회에서 통과되어 살인죄의 공소시효가 폐지되자 다시 경찰은 성씨의 소재를 찾는 수사에 집중했다. 2009년 이후 성씨를 추적하고 있지만 그의 행방은 오리무중이다. 이씨 살인 사건은 현재 피의자의 소재가 나오지 않은 까닭에 기소 중지된 상태다. 경찰은 성씨가 신분을 세탁해 국내에 살고 있거나 누군가의 도움으로 밀항했을 시나리오에 무게를 두고 있다.

사건 발생 장소인 D화물차 사무실에서 과학수사 요원이 현장 감식을 하고 있다.

사진 이현주

초동수사를 맡았던 정읍경찰서 고영호 경위는 그간의 수사 상황을 설명했다.

"성씨는 희귀 질환인 베체트병(전신성 염증 질환)을 앓고 있어 꾸준히 약을 복용해야 했다. 건강보험관리공단에 의뢰해 베체트병 환자 명단을 싹 다 뒤졌으나 성씨로 의심되는 사람조차 찾을 수 없었다. 그는 4년제 대학을 졸업하고 정읍에서 민간 방범대원으로 3년간 근무한 적이 있어 경찰의 생리를 잘 알고 있다. 충분히 타인으로 신분을 위장해 살아갈 가능성도 있다."

반면 피해자의 형 이씨는 성씨 외에 공범이 더 있을 것으로 굳게 믿고 있다.

"동생이 돈을 빌려준 사람이 많아 원한 관계가 더 있을 것이다. 체구도 작고 몸이 약한 성씨가 80킬로그램이 넘는 거구의 동생을 흉기 하나로 제압했다고 보기 힘들다. 성씨가 범인이 아닐수도 있다. 공범에 의해 성씨도 살해됐을지 모른다."

경찰은 성씨가 검은 과거를 지우고 새 삶을 살고 있더라도 언젠가 정읍에 남아 있는 가족이나 지인들과 접촉할 가능성을 열어두고 있다. 그 흔적을 포착하는 것이 사라진 성씨를 찾아낼 수 있는 유일한 열쇠인 셈이다.

■ 사건 현장에서 발견된 이씨 혈흔

정읍

출입문 손잡이

의자

내실 바닥

내실 바닥

화장실

수도꼭지

화장실 스위치

혈흔 웅덩이

사건 일지

2009년 4월 19일 성씨가 이씨에게 도박 자금 50만 원을 빌린다.

4월 20일 성씨는 전주지방법원에서 파산 선고를 받고 밤 9시 넘어 귀가한다. 피해자 이씨는 같은 날 점심을 먹고 집을 나선 뒤 연락이 두절된다.

4월 21일 성씨는 오전 2시 반이 넘어 외출했다가 다시 귀가한다. 이씨가 아침까지 귀가하지 않자 이씨의 아내와 형이 경찰에 실종 신고한다. 곧 D화물차 사무실 곳곳에서 이씨의 혈흔이 발견된다.

4월 24일 성씨는 정읍 신태인역에서 가족을 만나 함께 정읍을 떠나고, 부안 버스터미널 근처 모텔에서 하룻밤을 묵는다.

4월 25일 성씨는 이삼일 머리를 식히고 온다고 가족과 헤어진 후 종적을 감춘다.

2014년 7월 16일 이씨의 백골 사체가 D화물차 사무실 인근 공사장에서 발견된다.

사라진 성씨의 행방

- **신분 세탁 아니면 밀항** 성씨는 민간 방범대원 생활을 3년 동안 한 까닭에 범죄와 경찰의 생리에 익숙한 편이다. 게다가 4년제 대학을 졸업하고 세상 물정에도 밝은 사람이라 신분을 세탁했을 가능성이 있다. 물론 주변 사람들의 도움을 받아 외국으로 도피했을 가능성도 있다.

- **공범 가능성** 피해자 이씨의 형에 따르면 성씨 이외에도 동생에게 돈을 빌린 사람이 많았다. 또 80킬로그램이 넘는 거구의 동생을 체구가 작은 성씨 혼자 살해했을 가능성은 낮아 보인다는 것이다. 성씨의 부인도 자신에게 남편이 "난 목격자일 뿐이야"라고 해명한 적이 있다고 한다. 아직까지 행방이 묘연한 것을 보면 성씨 역시 공범에게 살해됐을 가능성도 있다.

수사 당국의 끈질긴 추격에 결국 잡혔다

．

타인의 생명을 빼앗고도 신분을 세탁해 살아갔던 희대의 살인마들이 있다. 그러나 이들의 가면은 추적을 포기하지 않은 수사 당국에 의해 결국 벗겨졌다.

2015년 국내에서는 1990년 5월 경기 이천 장호원읍에서 공기총으로 살인을 저지르고 일본으로 도주했던 피의자가 25년 만에 잡혀 송환된 사건이 있었다. '이천 공기총 살인 사건'이다. 차량 전문 절도단의 일원이었던 김 모(당시 29세) 씨는 당시 훔친 승용차를 피해자에게 판매했다가 잔금을 받지 못하자 이러한 범행을 저질렀다. 같은 해 8월 고등학교 후배의 신분으로 위장해 일본으로 도피한 뒤 현지에서 불법 체류자로 살아오다가 경기지방경찰청 국제범죄수사대와 인터폴, 일본 경찰의 공조 수사에 덜미를 잡혔다. 범행 당시 살인죄의 공소시효는 15년이지만 범인이 해외로 도주해 시효가 정지하면서 처벌이 가능했다. 김씨는

2016년 6월 1심 재판에서 징역 22년 6월을 선고받았고, 2심인 서울고등법원도 1심을 유지했다.

2016년 미국에서도 종신형을 선고받은 살인범이 탈옥해 32년간 신분을 감추고 살다가 사망하고 11년이 지나서야 정체가 드러났다. 마셜 캠벨은 1958년 미국 오하이오주 해밀턴의 병원에서 열아홉 살 여성 간호 실습생을 성폭행하고 살해했다. 살인죄로 종신형을 선고받고 14년을 복역하다 극적으로 탈주한 캠벨은 로스앤젤레스로 건너가 새 이름 '에드워드 데이비드'로 다시 태어났다. 캠벨은 뉴멕시코주로 이주한 뒤 이곳 대학에서 태연히 사회학 학사 학위를 따고 주 노동부에서 공무원으로 근무했다. 가정을 꾸려 딸까지 둔 캠벨은 2004년 자택에서 심장마비로 숨졌다. 그의 가짜 인생이 탄로 난 것은 그로부터 11년 후다. 캠벨의 뒤를 추적해오던 미국 연방보안관실(US Marshals Service) 미제전담팀이 그의 부고 기사를 읽으면서 그가 43년 전의 탈주범이라는 것을 확신한 것이다. 미제전담팀은 비록 캠벨을 단죄하는 데는 실패했지만 그가 지우려 했던 과거를 낱낱이 까발렸다.

2011년 8월에는 살인미수 혐의로 미국에서 지명수배를 받던 LA 갱단 출신(당시 36세)이 신분 세탁을 한 뒤 서울 강남에서 영어 학원을 운영해오다 경찰에 붙잡혔다. 또래의 남자로 14년간 신분을 속이고 살아온 사실이 드러나면서 주위에 큰 충격을 줬다. 그는 고졸이지만 미국 유명 대학을 나온 것처럼 학력을 속여 강남 일대에서 영어 강사로 활동한 것으로 알려졌다. 말소된 다른 사람의 주민등록을 도용했는데 어린 시절 해외로 이민을 가는 경우 지문이 등록돼 있지 않은 점을 이용해 손쉽게 신분을 세탁할 수 있었다. 지역 통·반장이나 보증인의 확인만 있으면 별다른 본인 확인 절차 없이 지문을 등록할 수 있는 제도의 허점을 노린 것이다. 주민등록증을 발급받은 뒤 해외여행도 자유로이 다녀왔다. 경찰의 추적을 피하기 위해 전출과 전입을 반복하기도 했다. 그의 도피 행각은 경찰이 미국과 국제 공조를 통해 수사하면서 종지부를 찍게 됐다.

이렇게 살인 범죄를 단죄할 수 있었던 데에는 수사 당국의 끈질긴 추적이 바탕이 됐다. '완전 범죄는 없다'라는 명제를 지키려는 노력 덕분이다. 이러한 결과를 보면서 경찰 내부에서도 중요 미제 사건에 한해서는 '보여주기식' 수사가 아니라 인내심을 갖고 사건을 파헤칠 수 있도록 조직 환경이 뒷받침돼야 한다는 목소리가 나온다. 한 경찰 관계자의 고언을 가벼이 넘겨서는 안 된다.

"담당자가 수시로 바뀌고 새로운 사건이 밀물처럼 밀려드는 환경에서 미제 사건은 영원히 미제로 남을 수밖에 없다. 오롯이 한 사건에 집중할 수 있는 기회가 보장돼야 한다."

9.
제주 보육교사 피살 사건

거짓말탐지기는 그가 범인이라 말하지만…
물증 없는 심증뿐

수천 페이지에 달하는 사건 기록을 꼼꼼히 읽어 내려가던 팀장 김승환 경사는 유독 한 용의자를 언급한 부분에서 시선을 떼지 못했다. 2016년 2월 제주지방경찰청 중요미제사건 전담수사팀장으로 부임해 왔을 때 '제주 어린이집 보육교사 피살 사건'에는 여전히 '미해결'이라는 딱지가 붙어 있었다. 경찰에 들어와 겪은 최초의 살인 사건이었다.

제주 앞바다에서 불어오는 해풍에 얼굴이 베이는 듯한 아픔이 느껴지던 겨울 2009년 2월이었다. 피해자는 아이를 유독 좋아해 어린이집 보육교사가 됐다는 여성 이 모(27세) 씨였다. 뭍으로 나가라는 주변 사람들의 권유에도 아랑곳하지 않고 고향을 지키던 그녀가 목이 졸린 채 자신이 나고 자란 동네에서 멀지 않은 논밭과 도로 사이 배수로에서 싸늘한 주검으로 발견됐다. 그녀의 죽음에 연민을 표할 새도 없이 언제 끝날지도 모를 수사에 들어갔다. 혹시 범인을 잡는 데 단서가 있을까 싶어 제주에 설치된 폐쇄회로 TV라면 하나도 놓치지 않고 샅샅이 뒤졌다.

2009년 2월 1일 일요일 오전 2시 30분, 전날 저녁 제주시청 근처 대학로에서 시작된 고교 동창 모임은 4차까지 가며 밤늦도록 이어지다 끝이 났다. 삼겹살에 술을 마시는 자리는 즐거웠다. 이씨는 집이 있는 애월읍 쪽으로 가기 위해 친구들과 택시를 타고 가다 중간에 내렸다. 제주 용담2동에 있는 남자친구 A씨의 집에 들르기 위해서였다. 이씨는 오전 2시 49분 어머니에게 전화해 "시간이 늦었으니 친구들과 찜질방에 있다가 가겠다"고 말했다.

모임이 늦게 끝나 심야에 들이닥친 것이 미안했지만, 평소 담배 연기를 싫어했던 이씨는 집 안에서 담배를 피우는 A씨의 모습에 화가 났다. 오전 3시경 심하게 다툰 뒤 곧바로 남자친구 집에서 나왔다. 콜택시를 불렀는데 늦은 시간 탓인지 좀처럼 배차가 되지 않았다. 오전 3시 3분 단단히 화가 난 이씨는 A씨에게 '실망했다'는 문자메시지를 보낸 다음 한 번 더 콜센터에 전화했지만 역시 대기 중인 택시가 없다는 말이 돌아왔다. 오전 3시 8분 이번엔 다른 콜택시 업체를 문의하려 114에 전화했다가 1초 만에 전화를 끊었다. 그때 마침 도로 끝에서 택시 한 대가 보였다.

경찰은 정황상 이씨가 남자친구 집에서 나온 후 누군가의 차를 타고 이동하다가 납치되어 피살된 것으로 보고 있다. 택시 등 차량에 탑승한 이씨는 자택인 애월읍 구엄리 방향으로 가달라고 요구했을 가능성이 크다. 과음한 이씨는 차 안에서 깜박 잠들었을 테고, 범인은 차량 내에서 이씨를 성폭행하려다 이씨가 격렬히 반항하자 목을 졸라 살해했을 것이다.

수사팀은 범인이 이씨 집을 지나쳐 애월읍 고내오름으로 가는 도중 이씨를 죽였을 것으로 추정했다. 오전 3시 45분경 이씨를 고내봉 인근 배수로에 유기한 범인은 새벽 4시 4분 애월읍 광령초등학교 부근을 지날 때쯤 이씨 가방 속에 있던 휴대폰의 전원을 꺼버렸다. 그리고 제주 아라동으로 돌아와 인근 논밭에 휴대폰을 비롯한 이씨 소지품도 죄다 버렸다.

이씨의 가방은 닷새 후인 2월 6일 오후 3시 20분 아라동 농로변 돌담 아래에서 발견됐다. 가방에는 휴대폰과 지갑, 주민등록증이 그대로 들어 있었다. 이씨는 실종하고 일주일 만인 2월 8일 오후 1시 50분 제주 애월읍 고내봉 근처의 농업용 배수로에서 숨진 채로 발견됐다.

사체와 소지품 어디에서도 범인의 것으로 보이는 지문이나 유전자 정보는 검출되지 않았다. 하의가 벗겨진 채로 발견된 이씨의 몸에서도 특별한 외상이나 타박상, 성폭행을 당한 흔적이 나오지 않았다. 양손 손바닥에 1센티미터 내외의 베인 상처가 있었다. 또 사체에서 결박된 흔적이 나오지 않은 것으로 봐서 사체 발견 장소에서 살해되어 곧바로 유기된 것으로 추정됐다. 사인은 경부 압박 질식사, 이씨는 말 그대로 목이 졸리면서 호흡이 끊겨 죽음을 맞이했다.

이씨의 몸에서 외상 흔적이 보이지 않은 점 때문에 피해자가 저항 없이 차에 탔을 것이라는 추측이 나왔고, 밤늦은 시간이면 차량 통행이 드문 제주의 상황상 택시기사가 대거 용의 선상에 올랐다. 남자친구의 통신 기록과 차량에선 어떠한 증거도 발견되지 않았다. 경찰은 도내에 등록된 택시기사 5000여 명을 전수 조사한 뒤 통신 수사와 택시 안에 부착된 타코미터의 기록 등을 토대로 택시기사 10여 명을 추려냈다.

딱 한 사람, 경찰 조사에서 자신의 행적에 대한 진술을 자주 번복했던 40대 택시기사 B씨가 의심스러웠다. B씨는 조사를 받는 동안 "용담동에서 애월읍으로 가려다 중간에 차를 돌렸다"고 진술했다가 "다시 기억해보니 애월로 향하는 일주 도로를 이용해 손님을 태우고 지나갔다"고 말을 바꾸는 등 오락가락했다. "손님을 태운 적이 없다"는 말을 "남자 손님을 태웠던 거 같다"는 진술로 바꾸는 등 알리바이의 일관성을 찾을 수 없었다. 하지만 B씨는 사건 당일 피해자를 택시에 태우지도 않았고, 피해자를 성폭행하려다 살해한 사실도 없다고 부인했다.

그를 범인으로 볼 만한 정황증거는 또 있었다. 무엇보다 B씨가 사용한 휴대폰과 업무용 콜의 통화 내역을 살펴본 결과 사건 전날과 사건 당일 이틀의 통화 내역 전체가 삭제된 점이 의심스러웠다. 또 경찰은 B씨를 설득해 거짓말탐지기 조사를 실시했다. "사건 당일 이씨를 태운 적이 있느냐" "이씨를 직접 살해했느냐"는 경찰 검사관의 질문에 그는 모두 "아니요"라고 부인했다. 탐지기는 B씨의 대답을 '거짓'으로 결론 내렸다. 하지만 현행법상 거짓말탐지기 조사 결과만으로 범행을 입증할 수는 없다. B씨의 택시 안에선 직접증거가 될 이씨의 흔적이 전혀 검출되지 않았다. 한 프로파일러는 "거짓말탐지기에서 나온 반응은, 범행 증거가 있는데 피의자가 끝까지 부인할 때 보강 자료 정도로 법적 효력을 갖게 된다"고 설명했다.

수사팀은 B씨를 비롯한 용의자들의 소재를 파악하는 한편, 주변 인물에 대한 조사를 다시 시작해 새로운 정보를 모았다. 김팀장은 사건 해결의 의지를 다졌다.

"사체를 유기한 장소와 소지품이 발견된 곳은 제주도 지리에 밝지 않은 이라면 알기 어려운 곳이다. 피해자의 죽음이 헛되지 않도록 지난 수사 행적을 역추적해 반드시 범인을 붙잡겠다."

***

　이후 재수사에서 새로운 사실들이 드러나는데, 특히 두 가지가 중요하다. 용의자가 다시 택시기사 B씨로 좁혀졌다는 점과 수사기관이 그를 기소할 때 간접증거로서 피해자와 용의자의 것인 '미세 섬유'에 집중했다는 점이다. 택시기사 B씨가 유력한 용의자로 특정된 데에는 동물 사체 실험 결과 피해자의 사망 시간이 실종 당일로 입증된 것이 결정적이었다. 나중에 이야기하겠지만, 1심 재판은 또 다르다. 세간의 주목을 받았던 미세 섬유의 증거능력이 부정됐을 뿐 아니라 그동안 간과된 여러 사실이 조명된다.

　재수사를 시작하면서 경찰은 우선 피해자의 사망 시간을 둘러싼 의혹을 짚고 가야 했다. 초동수사 당시 경찰은 이씨가 실종된 당일인 2월 1일 사망했다고 봤지만, 부검의는 사체가 발견된 날인 2월 8일로부터 24시간 이내에 숨졌다고 결론 내렸었다. 부검의는 사체가 발견될 당시 체온이 외부의 기온보다 높은 데다 부패도 거의 진행되지 않은 점을 내세웠다. 위 속의 음식물이 전혀 소화되지 않은 채 가득 차 있는 것도 소견의 근거가 됐다. 2월 7일경 사망했다는 부검의의 소견을 따르자면 2월 1일의 행적이 수상해 용의자로 떠오른 운전기사 B씨를 더는 의심할 수 없었다.

B씨는 2월 7일엔 확실한 알리바이가 있었다. 2월 1일 새벽 범행 현장 인근과 주요 도로에 설치된 폐쇄회로 TV에 B씨의 택시와 유사한 노란색 캡등이 달린 흰색 NF소나타가 찍혔지만, 사망 시간이 달라지면 그동안 수집한 이러한 정황증거는 무의미해진다. 초동수사에서는 부검의의 판단에 근거해 B씨에 대한 수사는 사실상 중단됐다. 결국 결정적 단서가 나오지 않는 상황에서 수사본부는 2012년 6월 5일 해체됐다.

법의학자인 이정빈 가천대 교수는 이 문제를 풀기 위해 돼지와 개의 사체를 이용해 실험을 진행했다. 2018년 1월 29일 경찰이 주장한 사망 시점의 기온과 동일한 날에 맞춰 시신 발견 장소인 배수로에서 실험을 시작했다. 당시 강수량만큼 소방 용수도 뿌렸다. 4차에 걸친 실험 끝에 사후 일주일간 사체 온도가 대기 온도보다 낮아졌다가 다시 높아지고 부패도 더디게 진행되는 현상을 확인했다. 피해자가 두꺼운 무스탕을 입고 있어 체온을 유지할 수 있었고, 바람이 많고 그늘진 배수로의 환경 탓에 부패가 지연된 것이다.

실종 당일 살해됐다는 경찰의 주장이 법의학적으로 입증되면서 용의자는 다시 B씨 한 사람으로 좁혀졌다. 추가로 확보할 증거물이 없는 중에 수사팀은 초동수사 당시 B씨의 차량 내부와 옷가지 등에서 접착테이프를 붙였다 떼어내는 방식으로 확보한 미

경찰은 피해자의 사망 시점을 확정하기 위해 전국 최초로 동물 사체를 이용해 실험을 진행했다. 피해자의 시신이 발견된 장소인 제주 애월읍 고내봉 인근 배수로에 실험용 돼지가 누워 있다. 피해자가 사건 당시 입고 있던 것과 같은 재질의 무스탕을 돼지에게 입혔다. **사진 제주지방경찰청**

세 섬유 조각에 주목했다. 그새 미세 증거물을 증폭해 보는 기술이 발달한 덕이다. 추가 분석한 결과 B씨의 어깨와 오른쪽 무릎에서 발견된 2~3센티미터 크기의 섬유 조각이 사건 당일 피해자가 입었던 남색 셔츠와 같은 종류라는 사실이 밝혀졌다. 2018년 양수진 미제사건수사팀장은 이를 두고 "둘(B씨와 피해자) 사이에 확실한 접촉이 있었다는 걸 의미한다"고 설명했다.

그런데 사건 당시 증거 불충분으로 풀려났던 B씨는 다음해인 2010년 7월 제주도를 떠나 강원도 등지에서 생활하다 2015년 주민등록이 말소된 상태였다. 경찰은 B씨 주변 인물의 통화 기록을 분석한 끝에 2018년 5월 16일 경북 영주에서 B씨를 체포할 수 있었다. 곧바로 미세 섬유 조각을 간접증거로 삼아 박씨에 대한 구속영장을 신청했다. 하지만 법원의 판단은 달랐다. 제주지방법원은 "범행 당일 두 사람이 만났다는 사실을 입증할 만한 직접증거가 부족하다"며 영장을 기각했다. 섬유 조각이 유사할 뿐 동일하지는 않는 이상 B씨와 같은 종류의 옷을 입은 다른 사람이 범죄를 저질렀을 수도 있다는 뜻이다.

수사팀은 증거 보강에 다시 한 번 공을 들였다. 국립과학수사연구원과 사설 전문 연구기관에 의뢰해 섬유 증거와 폐쇄회로 TV 영상에 대한 감식만 50여 차례 진행했다. 그렇게 해서 택시 운전석과 트렁크에서 피해자의 치마, 무스탕과 같은 종류의 섬유 조각을, 피해자의 가방과 치마에서는 B씨의 면바지와 같은 종류의 섬유 조각을 추가로 확보했다. 직접증거는 아니지만 섬유 증거가 많을수록 사건 당일 두 사람이 접촉했다는 주장에 설득력이 생길 수 있다.

경찰은 2018년 12월 18일 구속영장을 다시 신청했다. 이번에는 사건 당일 예상 경로로 이동한 모든 차량을 재조사해 B씨의 택시가 유력하다는 사실을 입증해냈다. 또 전국의 프로파일러 8명에게 거짓말탐지기 조사 기록 등을 보내 "B씨가 유력한 용의자"라는 분석도 받아냈다. 결국 법원이 증거가 추가된 점을 고려해 영장을 발부하면서, 경찰은 사건이 발생하고 10년이 다 돼서야 B씨를 구속할 수 있었다. 검찰은 2019년 1월 15일 B씨를 강간 살인 등 혐의로 기소했다.

***

제주지방법원은 2019년 7월 11일 B씨에게 무죄를 선고했다. 사건 당일 피해자가 B씨의 택시에 탔다고 단정할 수 없다는 것이다.

경찰은 피해자를 태운 택시가 용담동 맨션 앞에서 피해자의 집이 있는 구엄리까지 가는 최적 경로로 용해로 삼거리, 제주공항 앞, 신광 로터리를 지나 외도 차량번호판독기가 설치된 지점을 경유해 일주 도로로 가는 길을 선택하고, 고내봉 인근 배수로에 사체를 유기한 뒤 중산간도로를 이용해 제주시로 돌아왔을 것으로 추정했다. 실제 제주도 내 택시기사 185명을 상대로 설문조사를 했는데 72.4퍼센트가 이 경로를 선택하는 결과가 나왔다. 이후 경찰은 사건 당일 오전 3시대에 외도 차량번호판독기를 통과한 차량을 전수 조사한 결과 B씨의 택시가 당일 오전 3시 14분에 이곳을 통과한 것을 밝혀냈다.

그리고 경찰은 범인이 오전 3시 8분 피해자를 태우고 출발해 애월읍 구엄리까지 일주 도로로 가면 15분쯤 걸리고, 피해자를 성폭행하려다 미수에 그쳐 살해한 후 사체를 유기하기까지 20분 정도 걸린다고 추정한 다음, 유기하고 중산간도로를 타면서 애월농협 유통센터 앞 폐쇄회로 TV에 오전 3시 46분경, 애월읍 한 펜션 앞 폐쇄회로 TV엔 오전 3시 54분경 범인의 택시가 포착될 것으로 분석했다. 실제 수사기관이 추정하는 범인 이동 경로에 설치된 각 폐쇄회로 TV 영상을 분석한 결과 예상 추정 시간에 범인의 택시와 유사한 차량이 찍혔다며 B씨를 유력한 용의자로 특정했다. 사건 당시 제주도 내 노란색 캡등이 달린 흰색 NF소나타 택시는 전체 5883대 중 18대에 불과했다.

하지만 법원은 이러한 경찰의 추정을 받아들이지 않았다. 우선 경로는 운전자에 따라 달라질 수밖에 없으므로 피해자를 태운 범인의 차량이 경찰이 추정한 경로로 갔으리라고 단정할 수는 없다고 했다. 범인 이동 경로에 대한 수사기관의 추정은 외도 차량 번호판독기에서 B씨의 차량이 확인된 것을 토대로 처음부터 범인을 특정한 뒤, 각 장소에 설치된 폐쇄회로 TV에 유사한 차량이 찍힌 것을 파악하고 시신 발견 장소와 소지품 발견 장소를 포함함으로써 이뤄졌다고 봤다.

여기서 법원은 범인이 피해자의 가방을 버린 지점에 대한 독특한 분석을 끌어들인다. 범인이 사체를 유기한 후 제주시로 돌아오면서 중산간도로 광령초등학교 부근을 지날 때 피해자의 휴대폰 전원을 껐다면, 곧바로 그 근처에서 가방을 버릴 일이지 굳이 아라동으로 이동해 버릴 필요가 있는가라고 의문을 던진다. 광령초등학교 근처에도 버릴 만한 곳이 많을 텐데 굳이 6시간 동안 피해자의 휴대폰이 든 가방을 갖고 다니다가 아라동까지 와서 유기할 이유가 무엇일까(경찰은 사건 당일 오전 10시 20분경 B씨의 택시와 유사한 차량이 제주시 한 상가의 폐쇄회로 TV에 찍힌 것에 근거해 이때 가방을 버린 것으로 추정했다).

이를 보면 다른 범인 이동 경로를 추정해볼 필요가 있다는 말이다. 법원은 범인이 피해자를 태우고 일주 도로가 아닌 중산간도로 광령초등학교 방향으로 가다가 도중에 피해자를 살해하고 피해자의 휴대폰을 끈 다음 고내봉 배수로에 시체를 유기했을 가능성, 또 휴대폰의 전화를 미리 끈 다음 고내봉 배수로로 이동해 피해자를 살해했을 가능성도 제기했다. 수사기관이 추정한 범인

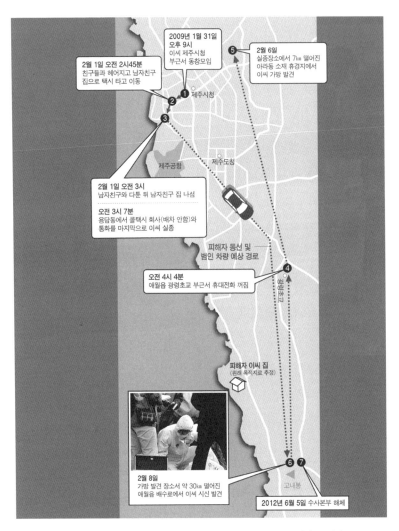

2009년 1월 31일
오후 9시
이씨 제주시청
부근서 동창모임

2월 1일 오전 2시45분
친구들과 헤어지고 남자친구
집으로 택시 타고 이동

❶ 제주시청

❷

❸

❺ 2월 6일
실종장소에서 7㎞ 떨어진
아라동 소재 휴경지에서
이씨 가방 발견

제주공항

제주도청

2월 1일 오전 3시
남자친구와 다툰 뒤 남자친구 집 나섬

오전 3시 7분
용담동에서 콜택시 회사(배차 안함)와
통화를 마지막으로 이씨 실종

피해자 동선 및
범인 차량 예상 경로

오전 4시 4분
애월읍 광령초교 부근서 휴대전화 꺼짐

❹

피해자 이씨 집
(위래 목적지로 추정)

2월 8일
가방 발견 장소서 약 30㎞ 떨어진
애월읍 배수로에서 이씨 시신 발견

❻❼

고내봉

2012년 6월 5일 수사본부 해체

1심 법원은 사건 당일 피해자가 B씨의 택시에 탔다고 단정할 수 없다고 했다.
우선 수사기관이 추정한 범인 이동 경로가 의문이 든다는 것이다.
경찰이 이미 B씨를 범인으로 특정한 다음 B씨의 택시가 아니라 다른 차종일
가능성을 고려하지 않고 수사했다고 판단했다.

이동 경로가 의문이 든다는 것이다.

폐쇄회로 TV에 대한 법원의 판단은 다른 지점보다 비교적 단순했다. 폐쇄회로 TV 영상은 해상도가 매우 낮고 일부 가려져 있어서 해당 차량의 차종과 색상을 알아보기 어렵다는 감정 결과를 인용했다. 실제 폐쇄회로 TV에 촬영된 차량과 B씨의 택시가 동일한지 판단하기 어렵다는 국립과학수사연구원의 감정 결과를 지적했다. 그러면서 경찰이 이미 B씨를 범인으로 특정한 다음 B씨의 택시가 아니라 다른 차종일 가능성을 고려하지 않고 수사했다고 했다. 결국 폐쇄회로 TV 영상만으로는 영상 속 차량이 흰색 NF소나타 택시라고 인정할 수 없고 더 나아가 B씨의 택시와 동일하다고 단정할 수 없다는 것이다.

경찰이 B씨와 피해자가 접촉했을 가능성이 있다며 내세운 섬유 증거에 대해서도 법원은 인정하지 않았다. 경찰은 피해자의 왼손목과 왼손바닥, 오른손 중지, 오른쪽 어깨와 무릎에서 B씨의 남방과 티셔츠와 유사한 면섬유가, 피해자의 치마와 가방에서는 B씨의 청바지와 유사한 면섬유가 발견됐고, 택시 트렁크와 뒷좌석에서는 피해자의 무스탕 목 부분 동물털과 유사한 털이, 운전석과 조수석 시트에서는 피해자의 치마와 유사한 모섬유가 발견됐다는 국립과학수사연구소의 감정 결과를 제출했다.

법원은 우선 경찰이 제출한 피고인의 청바지는 경찰이 압수수색 영장 없이 B씨의 방을 수색해 위법하게 압수한 증거라서 증거능력이 없다고 판단했다. 청바지에서 검출한 미세 섬유 증거와 그 분석 자료 역시 위법 수집 증거에 기초해 나온 것이므로 모두 증거능력이 없는 것으로 봤다.

또 과학적 방법을 통한 감정이라고 해도 반증할 여지가 많다고 했다. 피해자의 몸에서 진청색 모섬유, 진청색 면섬유, 진청색 폴리에스터, 진청색 레이온, 진청색 아크릴 등이 검출됐는데, 진청색 면섬유를 빼면 나머지 섬유들은 B씨나 피해자의 옷에서도 발견되지 않은 것이다. 이러한 사정을 보면 오히려 피해자가 사망하기 전 B씨가 아닌 제삼자와 접촉했을 가능성도 있다. 결국 미세 섬유 증거와 분석 자료만으로는 피해자가 B씨의 택시에 타고, 이후 둘 사이에 신체 접촉이 있었다고 단정할 수는 없다는 말이다.

수사기관은 범행이 한 장소에서 이뤄졌다고 하는데, 법원은 그렇다면 B씨가 고내봉 근처에서 범행을 저질렀다면 굳이 뒷좌석에 있던 피해자를 트렁크로 옮길 만한 이유가 없지 않느냐고 따졌다. 그 결과 피해자의 무스탕 동물털과 유사한 털이 택시 트렁크에서 발견됐다는 감정 결과는 오히려 이러한 전제에 어긋나는 것이 아닌가 하고 반문했다. 한마디로 감정서를 보더라도 섬유 증거는 '유사하기는 하나 동일하다고까지 판단할 정도는 아니'라는 것이다. 실제 국립과학수사연구소 직원은 법정에서 '유사한' 섬유가 검출됐다는 것이 '동일하다는 의미는 아니다'라고 분명히 밝혔다.

또 법원은 범인과 피해자 사이에 격렬한 신체적 접촉이 없을 수 없는 범죄 특성상 피해자의 시신과 의류에서 B씨의 지문과 DNA가 전혀 검출되지 않은 점은 간과될 수 없다고 했다. 특히 이러한 범죄에서 피해자의 양손 손가락에서 B씨의 DNA는 물론 B씨의 의류와 유사한 미세 섬유 증거조차 발견되지 않은 점은 시사하는 바가 크다고 했다.

끝으로 재판부가 사건 해결의 가능성으로 다른 택시기사의 존재를 언급한 것이 눈에 띈다. 택시기사 C씨는 피해자의 가방이 발견된 뒤인 2009년 2월 7일, 사건 당일 오전 3시에 용담동 맨션 인근 카센터 앞에서 한 20대 여성 승객을 태워 피해자가 근무했던 어린이집 근처에 내려준 적이 있다고 경찰에 제보했다. 경찰은 보육교사는 어린이집을 출입할 열쇠가 없고 피해자의 휴대폰 통화 내역에도 그 근처에서 통화한 기록이 없다는 이유로 다른 사람이라고 판단해서 더 이상 추가 조사를 진행하지 않았다. 그런데 실제로 어린이집 인근 폐쇄회로 TV에는 사건 당일 오전 3시 12분 택시가 10초간 정차했다가 출발하는 장면이 포착됐다.

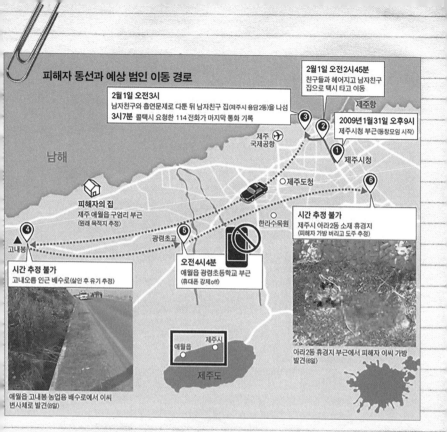

피해자 동선과 예상 범인 이동 경로

2월1일 오전 2시 45분
친구들과 헤어지고 남자친구 집으로 택시 타고 이동

2009년 1월31일 오후 9시
제주시청 부근(동창모임 시작)

2월1일 오전3시
남자친구와 흡연문제로 다툰 뒤 남자친구 집(제주시 용담2동)을 나섬
3시7분 콜택시 요청한 114 전화가 마지막 통화 기록

제주항

제주
국제공항

남해

피해자의 집
제주 애월읍 구엄리 부근
(원래 목적지 추정)

제주도청

한라수목원

광령초교

시간 추정 불가
제주시 아라2동 소재 휴경지
(피해자 가방 버리고 도주 추정)

시간 추정 불가
고내오름 인근 배수로(살인 후 유기 추정)

오전 4시 4분
애월읍 광령초등학교 부근
(휴대폰 강제 off)

아라2동 휴경지 부근에서 피해자 이씨 가방
발견(6일)

애월읍 고내봉 농업용 배수로에서 이씨
변사체로 발견(8일)

제주시

애월읍

제주도

사건 일지

2009년 1월 31일 밤 9시 보육교사 이씨는 제주시청 부근에서 동창 모임을 한다.

2월 1일 오전 2시 45분 친구들과 헤어진 이씨는 남자친구 집으로 택시를 타고 이동한다.

같은 날 오전 3시 이씨는 남자친구와 흡연 문제로 다툰 뒤 남자친구 집을 나선다.

같은 날 오전 3시 7분 콜택시가 배차되지 않자 이씨는 114에 전화해 콜택시를 요청하려 한다. 이 전화를 마지막으로 이씨가 실종된다.

같은 날 시간 추정 불가 범인은 애월읍 고내봉 쪽으로 가는 도중 이씨를 살해했을 것으로 추정된다.

같은 날 새벽 4시 4분 애월읍 광령초등학교 부근에서 이씨의 휴대폰이 꺼진다.

같은 날 시간 추정 불가 범인은 제주 아라2동 소재 휴경지에 이씨의 가방을 버린다.

2월 6일 실종 장소에서 7킬로미터 떨어진 아라동 소재 휴경지에서 이씨의 가방이 발견된다.

2월 8일 가방이 발견된 장소에서 30킬로미터 떨어진 애월읍 고내봉 인근 농업용 배수로에서 이씨의 시신이 발견된다.

2012년 6월 5일 수사본부가 해체된다. 범행 현장 근처의 폐쇄회로 TV에 택시기사 B씨의 택시로 보이는 흰색 NF소나타가 찍힌 것이 확인됐지만, 그는 이후 증거 불충분으로 풀려난다.

2016년 2월 7일 제주지방경찰청에 미제사건팀이 출범하면서 재수사가 시작된다.

2018년 1월 29일부터 3월 2일까지 경찰은 사망 시간에 대한 혼선을 해결하기 위해 전국 최초로 동물 사체 실험을 진행한다.

4월 25일 실험 결과 피해자는 실종 당일 살해됐다는 경찰의 주장이 입증된다.

5월 16일 유력 용의자인 B씨를 경북 영주에서 체포한다. 이때 피해자의 옷 등에서 B씨 옷의 것과 같은 종류의 섬유 조각이 발견된 것을 토대로 구속영장을 신청한다.

5월 18일 제주지방법원은 B씨에 대한 구속영장을 기각한다.

12월 18일 경찰은 구속영장을 재신청하고, 12월 21일 이번에는 법원이 영장을 발부한다.

2019년 1월 15일 제주지방검찰청은 B씨를 강간 살인 등 혐의로 기소한다.

7월 11일 제주지방법원은 B씨에게 무죄를 선고한다.

사건 포인트

사인은? 목 졸림에 의한 경부 압박 질식사. 시신은 하의가 벗겨진 채 발견됐지만 성폭행을 당한 흔적은 나오지 않았다. 양손 손바닥에 경미하게 베인 상처 외에는 달리 외상이 없었다.

범인은 면식범? 보통 면식범에 의한 살인은 원한 등이 이유가 되면서 시신에 폭행을 주고받은 흔적이 남기 마련이다. 그때 피해자와 자신의 흔적을 지우려는 성향이 나타난다. 그런데 피해자에게서는 구타와 상해 흔적이 없었다. 피해자의 가방 속엔 신분증이 그대로 남아 있었고, 현금 10만 원가량이 없어졌다. 경찰은 비면식범의 우발적인 범행이라고 분석했다.

수사 단서는?　경찰은 피해자가 실종된 당일 남자친구 집과 사체가 발견된 장소 사이를 통행한 택시 운전기사들을 조사했다. 하지만 직접증거는 나오지 않았다. 거짓말탐지기로 조사한 결과 택시기사 한 명의 진술에서 '거짓' 반응이 나왔다.

신뢰도는 90퍼센트,
법정에선 아직 참고자료로 국한

'마포 만삭 의사부인 살해 사건' 수사 당시 피의자인 남편이 2011년 겨울 국립과학수사연구원에서 거짓말탐지기 검사를 받을 때였다. '아내가 욕실에서 넘어져 사고사로 죽은 것 같다'는 입장을 고수하던 남편에게 검사관이 질문을 던졌다.

"아내가 살해된 장소를 알고 있습니까?"

예상대로 남편은 모른다고 대답했다. 검사관은 질문의 폭을 좁혀 다시 물었다. "거실입니까?" "욕실입니까?" "주방입니까?" 계속 모른다고 대답하던 남편에게 "안방입니까?"라고 물을 때 문득 반응이 보였다. 다른 장소들을 들을 땐 무감각하던 남편은 '안방'이라는 단어를 듣자 얼굴의 온도와 혈압이 올라갔다. 호흡도 한순간 멈췄다. 몸이 먼저 반응한 것이다. 검사관들은 남편이 안방에서 아내를 살해한 것 같다는 감정 결과를 경찰에 냈다. 이후 경찰은 안방에서 루미놀 검사를 실시했고 침대와 이불에서 혈흔이 추가로 발견됐다.

각종 범죄가 지능화하고 인권 의식도 신장하면서 거짓말탐지기는 경찰 수사의 핵심 수단으로 자리 잡았다. 하지만 거짓말탐지기 활용 빈도가 높아지는 한편 법정에서 증거능력을 갖춘 과학수사 기법으로 인정받아야 하는지를 두고 논란이 끊이지 않고 있다.

경찰청에 따르면 거짓말탐지기 수사 실적은 2013년 8337명에서 2015년 8502명으로 매년 늘어, 2017년에는 1만 1111명으로 처음 1만 명을 넘어섰다. 현재 전문 교육을 받은 검사관 36명이 전국 17개 지방경찰청에 소속돼 조사 업무를 담당하고 있다.

경찰은 1965년 서울시경찰국(현 서울지방경찰청) 강력계에서 미국이 원조 물자로 제공한 거짓말탐지기를 수사에 처음 도입했다. 1978년 4월 8일 대기업 회장의 아들이 여고생을 살해한 혐의로 붙잡힌 '백화양조 실험실 여고생 변사 사건'은 거짓말탐지기 수사 역사에 이정표로 기록됐다. 고3이던 회장 아들이 여자친구인 피해자의 남자관계를 의심해 전북 군산 백화양조 실험실로 데려가 시비를 벌이다 술통에 빠뜨려 숨지게 했다. 당시 경찰은 거짓말탐지기 조사로 피의자에게서 허위 반응을 얻어내 살인 혐의로 기소하는 성과를 냈다. 다만 이듬해 대법원은 거짓말탐지기 결과의 정확성을 담보할 수 없다며 증거능력을 인정하지 않았다.

사법부는 보수적 견해를 고수했지만 이후 거짓말탐지기를 이용한 수사 역량은 비약적으로 발전했다. 살인이나 성폭행 등 강력 사건뿐 아니라 교통사고나 사기처럼 가해자와 피해자의 진술이 엇갈리는 민생 범죄에도 적극 활용되고 있다.

미궁에 빠질 뻔한 사건이 거짓말탐지기를 통해 해결된 경우도 여럿 있다. 2016년 1월 2일 서울 송파구 한 원룸에서 20대 여성 A씨가 목이 졸려 숨진 채 발견됐다. 경찰은 폐쇄회로 TV에서 2015년 12월 31일 아침 남성 B씨가 A씨와 함께 원룸에 들어갔다 오후에는 혼자 나오는 모습을 확인하고 검거했다. B씨도 범행을 자백했다. 그런데 경찰은 뜻하지 않은 난관에 부닥쳤다. B씨는 목 졸라 살해한 것을 시인하면서도 "A씨가 사는 게 힘드니 죽여달라"고 요구했다고 진술했다. B씨는 A씨가 종업원으로 일하는 주점을 종종 찾던 손님이었다. 사건 당일 A씨의 집에 가게 됐는데 술을 마시다 A씨가 자신에게 그런 요구를 했다는 것이다. 그의 주장이 받아들여지면 형량이 살인죄보다 낮은 촉탁살인죄(이미 죽음을 결심한 피해자의 요구에 따라 그 사람을 살해하는 범죄)를 적용해야 했다. 하지만 경찰은 B씨가 성폭행을 한 후 살해했을 것이라는 심증이 갔다. 이때 거짓말탐지기가 위력을 발휘했다. "강제로 성관계를 했느냐"는 검사관의 질문에 B씨는 "아니요"라고 답했지만, 탐지기 모니터에 나타난 분석 결과는 적색(거짓 반응)을 가리켰다. 검사가 끝난 뒤 B씨는 결국 피해자를 성폭행하고 살해한 사실을 인정했다.

이처럼 거짓말탐지기 결과는 꽤 높은 신뢰도를 자랑하고 있다. 대검찰청이 2009~2012년 동안 거짓말탐지기 조사 등을 토대로 혐의가 인정돼 기소한 사건 중 유죄 판결을 받은 사례를 취합한 결과 일치도 90퍼센트를 보이기도 했다. 하지만 수사 기법이 발달하고 활용 빈도가 높은데도 거짓말탐지기 결과는 여전히 법정에서 외면받고 있다. 재판부의 재량으로 정황증거, 즉 판결하는 데 '참고 사항' 중 하나로 인식되는 정도다. 거짓말탐지기 검사관으로 18년 넘게 일해온 서울지방경찰청 과학수사계 이재석 경위는 현안을 다시 한 번 지적했다.

"논리적인 질문과 답변을 전제로 한 거짓말탐지기의 정확성이 이미 입증됐는데도 사법부는 유무죄 여부를 가르는 주요 증거자료로 인정하지 않고 있다. 거짓말탐지기 조사 결과가 명백한 정황증거로 채택될 수 있도록 관련 법을 손질해야 한다."

기존 폴리그래프polygraph 거짓말탐지기. 사람이 몸에 측정 장비를 부착한 뒤 폴리그래프는 거짓 진술을 할 때 신체에 나타나는 미묘한 반응, 즉 호흡과 심박 수, 피부 변화 등을 포착해 그래프로 나타낸다.
신형 바이브라이미지vibraimage 거짓말탐지기는 피검사자가 정면의 카메라를 보고 있으면 특수 카메라를 이용해 안면 근육의 미세한 움직임과 귀 안쪽 전정기관의 떨림을 포착해 그래프로 나타낸다.

10.
의성 뺑소니 청부 살인 사건

남편 몰래 보험 들고 뺑소니 연출…
13년 만에 술자리서 덜미

2015년 11월 4일 경북지방경찰청 장기미제사건팀으로 전화 한 통이 걸려 왔다. 금융감독원이 보험금을 노린 뺑소니 사망 사건을 접수하고 경찰에다가 이첩한 것이다. 공범들이 뺑소니 교통사고로 위장해 사람을 살해한 뒤 거액의 보험금을 타냈다는 제보였다. 하지만 '2003년 경북에서 일어났다'는 대강의 사건 개요 외에 피해자와 범인을 추정할 만한 단서는 전무했다.

일선 경찰서에 배당됐다면 다시 미궁에 빠졌을 이 사건이 미제팀의 눈에 들어온 건 천운이었다. 발생 시기를 중심으로 뺑소니 사고를 헤집던 미제팀 형사들은 당시 12년 동안 범인의 흔적조차 더듬지 못했던 50대 남성의 죽음에 주목했다. 평생 사과농장을 운영하며 소박하게 살다 영문도 모른 채 눈을 감은 '의성 남편'의 죽음, 사건의 전모는 그렇게 드러나기 시작됐다.

빵소니 교통사고의 공소시효는 10년. 이미 2년이나 더 지났으니 사건은 그대로 덮이는 듯했다. 형사들은 실낱같은 희망을 안고 대구지방검찰청 의성지청으로 내달렸다. 행운은 또 찾아왔다. 미제팀은 공소시효를 넘겨 소각을 앞두고 있던 사건 기록을 극적으로 입수할 수 있었다. 피해자 김 모(54세) 씨의 통신 기록에 근거해 600~700명에 이르는 주변 인물에 대한 수사를 재개했다.

수상한 점은 금세 포착됐다. 김씨의 부인 박 모(2003년 당시 54세) 씨가 사고 직후 여동생(40세)과 차명 계좌를 통해 돈을 주고받은 사실이 발견된 것이다. 친자매 사이에 차명 계좌로 금전 거래를 해야 할 이유는 딱히 없어 보였다. 계좌 내역을 샅샅이 훑어보니 부인 박씨가 2003년 4월부터 1년여간 50만~100만 원씩 돈을 잘게 쪼개 동생에게 수십 차례 보낸 사실이 드러났다. 동생 박씨가 언니에게서 받은 돈을 재차 수차례 나눠 인출한 점 역시 미심쩍었다. 당시 동생 박씨와 긴밀한 관계를 유지하던 최 모(46세) 씨가 본인 명의로 통장에 거액의 현금을 입금한 증거도 확보했다.

미제팀은 은행 거래 전표를 일일이 대조한 끝에 보험금을 노리고 박씨 자매와 최씨가 공모한 청부 살인 범죄로 결론 내렸다. 미제팀 관계자는 이렇게 설명했다.

"2003년만 해도 보험 사기가 흔치 않던 때라 당시 수사팀은 그런 정황까지 미처 들여다보지 못했다. 더구나 부인은 남편이 사망한 후에도 계속 마을에 거주하면서 재혼도 하지 않아 이웃들의 의심을 사지 않았다."

사건의 전모는 충격적이었다. 평소 남편과 사이가 좋지 않던 박씨는 범행 3년 전부터 자신을 수익자로 지정한 두 개의 생명보험에 남편 몰래 가입했다. 그 무렵 남편이 불륜 관계를 의심해 지속적으로 자신을 괴롭히자 박씨는 2001년 8월 무속인인 동생에게 "형부가 자주 때린다. 형부를 죽게 해달라"고 부탁한다. 그러자 동생은 계룡산 등 전국의 무속인 마을을 돌며 형부의 죽음을 비는 기도를 올렸다. 남편이 뜻대로 죽지 않자 박씨는 2002년 8월 하루에 몇 번씩 동생에게 전화해 "형부를 죽여달라"고 요구하기 시작해 나중에는 죽여주면 보험금을 주겠다며 청부 살해를 부탁했다.

동생은 2002년 11월 처음에는 최씨에게 사정을 설명하며 자신의 형부를 죽여달라고 부탁했고, 최씨는 경제적으로 곤란한 처지에 있는 중학교 동창 이 모(45세) 씨를 살인 모의에 끌어들이기로 했다. 피해자를 살해하면 보험금 5000만 원을 준다는 말에 이씨는 승낙했다. 동생과 최씨, 이씨는 2003년 2월 이씨가 자동차로 피해자를 살해하되 교통사고로 인한 사망으로 꾸미기로 모의했다.

준비 기간만 몇 달이 걸릴 정도로 범행 계획은 치밀했다. 셋은 차를 타고 김씨의 집과 살해할 장소인 동네 입구, 살해한 이후 피해 있을 인근 저수지까지 함께 둘러봤다. 사전 답사였다. 마침내 범행 한 달 전인 2003년 1월 이씨는 "사과농장을 하려는데 가지치기 작업을 가르쳐달라"며 혼자 피해자에게 의도적으로 접근했다. 평소 안면이 없는 사이였지만 사람 사귀기를 좋아했던 김씨는 흔쾌히 이씨에게 서너 차례 일을 가르쳐줬다.

친분을 쌓자 일당은 한 달 뒤인 2월 22일을 디데이로 정했다. 농한기인 데다 한가한 토요일 저녁이어서 술을 즐기는 김씨를 불러내기에 안성맞춤이었다. 동생은 언니에게 사건 당일 점심 무렵 이씨가 형부를 살해할 계획이라는 걸 알렸다.

이씨는 2월 22일 오후 6시경 트럭을 운전해 김씨 집에 가서 집에 혼자 있는 그를 태우고 경북 상주의 한 식당으로 향했다. 둘은 송어회 안주에 밤늦게까지 술을 마셨다. 이때 이씨 자신은 술을 마시는 시늉만 하는 용의주도함을 보였다. 자정 무렵 의성으로 돌아와 인근 식당에서 한잔을 더 했고, 김씨가 만취하자 자정을 넘어 그를 마을 입구 앞 삼거리에 내려주었다. 이때가 일요일 오전 1시 40분이었다. 떠나는 척하던 이씨는 주위를 둘러보며 한적한 시골길에 인기척이 없다는 점을 확인하고 라이트를 끈 채 차를 돌려 김씨에게 다가갔다. 그리고 비틀거리며 내리막길을 걸어가는 김씨를 뒤에서 그대로 들이받고 달아났다.

　김씨는 사건이 발생하고 6시간이 지난 2월 23일 아침 8시쯤 마을 진입로 한가운데에서 숨진 채 발견됐다. 이후 부인 박씨는 뺑소니 교통사고를 당하면 받을 수 있는 자동차보험까지 합쳐 보험사 세 곳에서 사망보험금으로 5억 2000만 원을 받았고, 일당은 이를 나눠 가졌다. 범행을 감추기 위해 박씨는 자신의 몫으로 2억 원만 챙기고 차명 계좌 등을 통해 동생에게 3억 2000만 원을 송금했다. 동생 박씨는 이 돈을 다시 인출해 현금으로 최씨와 이씨에게 건넸다. 동생과 최씨는 2억 7500만 원을 나눠 갖고, 살인을 실행한 이씨의 손에는 4500만 원이 쥐어졌다. 4500만 원이라는 돈도 범행을 들킬까 봐 일시불로 주지 않고 한 번에 200만~500만 원씩 소액으로 인출해 10개월에 거쳐 동생 박씨가 전달한 것으로 밝혀졌다.

　박씨 일당은 완전범죄를 자신했다. 보통 피해자는 술에 취하면 차에서 내려 마을 입구에서부터 집까지 걸어왔는데 부인 박씨는 이때 남편의 미세한 행동 패턴까지 숙지했다가 범행에 활용했다. 동생 박씨는 휴일과 야간에 발생하는 뺑소니 무보험 사망 사고의 경우 보험금이 몇 배 더 지급된다는 사실을 알고 범행 날짜와 시각을 특정했다. 공범 이씨가 토요일 자정을 넘을 때까지 술을 사주며 시간을 끌다 이후 범행을 저지른 것은 그 때문이다. 또

2016년 5월 3일 경북 의성군 한 마을의 진입로에서 2003년 발생한 청부 살인 사건의 현장검증이 진행됐다. **사진 경북지방경찰청**

이씨는 당시 경찰의 불심검문을 우려해 미리 점찍어둔 인근 저수지에서 새벽까지 날을 새운 뒤 해 뜰 무렵에야 그곳을 벗어났다.

당시 한적한 시골길에 폐쇄회로 TV가 있을 리 없었다. 수사에 나선 경찰은 김씨의 행적과 현장을 샅샅이 뒤졌지만 이렇다할 단서를 찾지 못했다. 남편이 술을 좋아했다는 부인 박씨의 말을 듣고 김씨가 사고 직전 술을 마신 식당을 찾으려 했으나 실패했다. 보험금을 노린 살인 사건이 아닌가도 의심했지만, 김씨 명의로 된 보험은 납입금 액수가 적은 월 1만 원과 6만 8000원짜리두 개뿐이어서 간과했다. 차량 블랙박스까지 없던 시절이라 결국수사 끝에 뺑소니 교통사고로 결론이 났다.

평범한 뺑소니 사고로 끝날 듯했던 청부 살인은 12년 뒤 엉뚱한 데서 실마리가 풀렸다. 양심의 가책을 느낀 공범 중 한 명이우연히 술자리에서 지인에게 범행을 털어놓으면서 제보로 이어졌다. 그 얘기를 들은 지인이 금융감독원 직원 중에 잘 아는 사람이 있어 경찰이 아니라 그쪽에 신고를 한 것이다. 수사는 급물살을 탔다. 경찰은 2016년 5월 범행에 가담한 일당 4명의 자백을받아내 모두 살인 혐의로 전원 구속했다. 이들은 보험금을 유흥비와 주식 투자 실패로 모두 탕진하고 공범 한 명은 병까지 얻는등 순탄치 못한 삶을 살아온 것으로 전해졌다.

공범 중 일부는 재판을 앞두고 범행을 부인했다. 경북지방경찰청 장기미제사건팀 최명호 경위가 사건의 결말을 전했다.

"그동안 확보한 증거만으로도 범죄 혐의를 입증하는 데 무리가 없었다. 단서가 희박한 장기 미제 사건도 일말의 가능성만 있으면 충분히 해결할 수 있다는 점을 보여줬다."

2016년 11월 11일 대구지방법원은 부인 박씨와 이씨에게 각 징역 15년을 선고했다. 동생에게는 징역 12년, 최씨에게는 징역 10년을 선고했다. 법원은 선고하면서 "보험금을 더 많이 받기 위해 범행의 날짜와 시각, 방법 등에 관해 구체적인 계획을 세운 후 사전에 현장을 둘러보는 등 치밀한 준비를 거쳐 이뤄진 것"을 맨 앞에 적시했다. 2017년 항소심을 맡은 대구고등법원은 피고인들의 항소를 모두 기각하고 원심을 유지했다. 박씨는 이후 상고를 포기해 징역 15년 형이 확정됐으나, 동생과 최씨, 이씨는 항소심에 불복해 대법원에 상고했다.

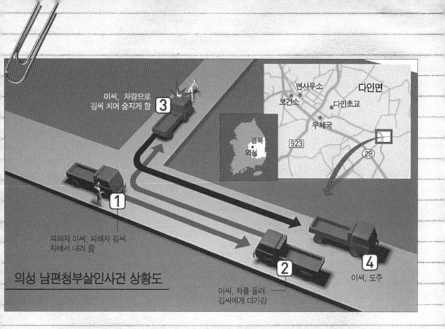

의성 남편청부살인사건 상황도

(1) 피외자 이씨, 피해자 김씨 차에서 내려 줌

(2) 이씨, 차를 돌려 김씨에게 다가감

(3) 이씨, 차량으로 김씨 치어 숨지게 함

(4) 이씨, 도주

사건 해결 흐름

2001년 8월 부인 박씨가 여동생에게 자신을 괴롭히는 남편을 죽게 해 달라고 부탁한다.

2002년 8월 박씨는 동생의 계속된 기도에도 남편이 죽지 않자 이제는 "형부를 죽여달라"고 요구하고 청부 살해를 부탁한다.

11월 동생은 당시 긴밀한 관계를 유지하던 최씨에게 형부를 죽여달라고 부탁하고, 최씨는 자신의 중학교 동창인 이씨를 살해 모의에 끌어들인다.

2003년 1월 이씨가 피해자에게 "사과농장을 하려는데 가지치기를 가르쳐달라"며 의도적으로 접근한다.

2월 22일 오후 6시　이씨는 술자리를 하기 위해 피해자를 트럭에 태워 상주로 출발한다.

2월 23일 오전 1시 40분　이씨는 만취한 피해자를 마을 입구에 내려주고 떠나는 척하다가 뒤에서 트럭으로 들이받고 달아난다.

같은 날 아침 8시　피해자가 마을 진입로 한가운데에서 숨진 채 발견된다. 이후 부인 박씨는 보험사 세 곳에서 사망보험금으로 5억 2000만 원을 받고, 일당은 이를 나눠 가진다. 경찰은 현장을 조사하고 탐문 수사를 벌이나 아무런 단서를 찾지 못하고, 결국 사건은 뺑소니 교통사고로 결론이 난다.

2015년 11월　공범 중 한 명이 술자리에서 무심코 털어놓은 범행 내용을 듣고 한 지인이 금융감독원에 제보한다. 경북지방경찰청 장기미제 사건팀은 제보를 받고 2003년 경북 의성에서 일어난 뺑소니 사망 사고라는 것을 확인한다. 이후 경찰은 피해자의 부인이 사고 이후 차명 계좌를 이용해 자신의 여동생과 돈을 주고받은 사실을 발견한다. 또 여동생이 비슷한 시기에 계좌에서 돈을 인출해 지인들에게 전달한 것으로 보이는 수상한 금융 거래 내역도 확보한다.

2016년 5월　범행에 가담한 일당 4명은 피해자 부인의 사주를 받고 보험금을 노린 청부 살인 사건이었다고 자백한다.

2016년 11월 11일　대구지방법원은 부인 박씨를 비롯한 4명에게 각각 징역 10~15년을 선고한다.

증거 사라진 미제 사건에서,
주변 인물의 제보가 결정적 실마리

그간 해결된 굵직한 미제 사건들의 공통점은 '의성 뺑소니 청부 살인 사건'처럼 주변 제보가 결정적 실마리를 제공했다는 것이다.

2016년 7월 19년 만에 해결된 '안양 호프집 여주인 살인 사건'은 한 시민이 112에 신고한 전화에서 단서가 나왔다. 제보자가 우연히 당시 사건이 소개된 TV 프로그램을 보고 피의자의 이름을 기억해 경찰에 알려준 것이다. 해당 사건은 1997년 경기 안양의 한 호프집에서 술에 취해 소란을 피우던 A씨가 치정 관계로 얽힌 여사장을 흉기로 찔러 살해하고 중국으로 도피해 미제로 남아 있었다. 2016년 5월 제보를 받은 서울송파경찰서 수사팀은 사건 당시 수배자 명단을 확인한 결과 용의자였던 A씨의 신원이 제보자의 진술 내용과 일치한다는 것을 파악했다.

탐문과 통신 수사를 진행한 결과 국내에 있는 A씨 어머니가 특정인과 반복적으로 통화한 사실이 드러났다. 하지만 A씨와 이름이 달랐다. 수사팀은 미심쩍은 생각에 1997년 A씨가 출국할 때 찍었던 지문(출입국관리사무소)과 어머니의 통화 상대자 지문을 대조했다. 일치했다. '신분 세탁'을 한 것이다. 경찰은 결국 피의자가 국내에 살고 있다는 사실을 알아내고 추적한 끝에 2016년 7월 27일 경기 수원에서 그를 붙잡았다. 2003년 돈벌이를 위해 다시 중국에서 밀입국한 A씨는 이름을 바꾼 채 그동안 철저히 다른 인물로 살고 있었던 것이다. 자신의 진짜 생일조차 기억하지 못할 정도였다. 육승수 서울송파경찰서 강력4팀장은 당시 상황을 이렇게 설명했다.

"처음 제보를 접했을 때는 20년 가까이 지난 일이라 솔직히 반신반의했다. 담당 형사가 제보 내용을 허투루 듣지 않고 끈기 있게 확인 과정을 거친 것이 미제 사건을 해결하는 열쇠가 됐다."

2011년 해결된 전남 '해남 암매장 살인 사건'도 피의자가 술자리에서 실수로 한 한마디가 7년 동안 묵혀 있던 사건이 드러나는 단초가 됐다. 2004년 5월 분양 대행 사업을 한다고 속여 대출 사기를 일삼던 B씨 일당 셋은 바지사장 겸 명의자 모집을 맡은 피해자가 돈을 제때 받지 못했다며 행패를 부리자, 서울 영등포 사무실에서 수면제를 탄 커피를 먹여 잠들게 한 후 목 졸라 살해했다. 이후 사체를 해남의 한 야산에 암매장하는데 신원을 파악하지 못하도록 피해자의 열 손가락 지문을 모두 없애고 삽으로 내리쳐 사체를 훼손했다. 여기에 염산까지 뿌리는 등 범행 수법이 잔혹하기 그지없었다. 이 사건 역시 2007년 술자리에서 "살인을 했다"는 B씨 얘기를 들은 지인이 경찰에 제보하면서 재수사가 시작됐다.

서울지방경찰청 미제사건전담팀은 제보를 접수한 후 피해자의 신용카드 사용 내역과 전화 통화 내역 등을 토대로 실종 시점을 확인했다. 또 제보자가 언급한 사건 발생 시기에 B씨가 분양 사무소를 운영했는지와 해남을 찾은 B씨의 차량 행적을 조회했다. 그 결과 4년 만에 사건의 전모를 밝혀낼 수 있었다. 하지만 경찰은 피의자들이 지목한 암매장 장소에서 3개월간 대대적인 굴착 작업을 벌였으나 끝내 시신을 찾지 못했다. 피의자들은 범행에 가담한 사실은 모두 인정하고 자백했지만, 서로 피해자의 목을 조른 이는 자신이 아니라고 주장했다. 결국 셋 중 한 사람만 징역형을 선고받고 사건은 마무리됐다. 정지일 서울지방경찰청 미제사건전담팀장은 "제보를 단순한 풍문으로 치부했다면 영원히 풀리지 않은 수수께끼로 남았을 것"이라고 말했다.

경찰은 장기 미제 사건을 해결하려면 제보 등 국민의 꾸준한 관심이 중요하다고 입을 모은다. 사건 발생 당시 가용한 수사력을 총동원하고도 범인을 특정하지 못해 범행 증거와 관련 증언이 남아 있지 않은 경우가 대부분인 탓이다. 그런 상황에서 마지막 실마리는 해당 사건을 조금이라도 기억하는 주변 인물의 제보에 기댈 수밖에 없다. 정재식 경찰청 강력반장은 "시민들의 작은 제보 하나가 경찰의 끈질긴 집념과 합쳐질 때 미제 사건은 더 이상 미제로 남지 않게 된다"고 강조했다.

11.
나주 드들강 여고생 성폭행 살인 사건

집에서 15킬로미터 떨어진 강변에서
알몸 시신으로…
치밀한 범행 15년 6개월 만에 기소

2001년 2월 4일 일요일 아침 집에 있어야 할 딸이 보이지 않자 어머니는 불길한 예감에 사로잡혔다. 새벽녘에 잠깐 나간 줄만 알았는데 점심시간이 넘도록 들어오지 않고 연락도 없는 것이 심상치 않았다. 휴대폰도 받지 않았다. 어머니는 그날 식당 문을 열고 장사할 마음이 나지 않았다. 딸의 방 방문 안쪽에는 여느 때처럼 아이돌 그룹 HOT 강타의 브로마이드와 달력이 위아래로 걸려 있었다. 오후 4시경 TV에서 전남 나주에서 한 여성의 시신이 발견됐다는 속보를 전했다. 광주 집에서 15킬로미터 넘게 떨어진 곳이라 무관해 보일 수 있지만, 어머니는 뉴스를 접하고 부리나케 나주로 향했다. 딸이 그곳에 있었다.

그날 오후 3시 40분 나주 남평읍 드들강(영산강 지류) 강변에서 발견된 익사체는 당시 고등학교 3학년 진학을 앞두고 있던 박모(17세) 양이었다. 광주에 살던 여고생이 아무런 연고도 없는 나주 강변에서 스타킹만 신은 채 알몸으로 발견된 것이다. 물속에 엎드려 숨진 모습이었는데 시신에서는 성폭행을 당하고 목이 졸린 흔적이 발견됐다. 폐에서는 플랑크톤이 나왔고, 얼굴에는 울혈이 지고 눈꺼풀과 기도에선 일혈점이 나타났다. 사인은 경부 압박에 의한 질식 그리고 최종적으로 익사로 밝혀졌다. 한마디로 피해자는 물속에서 목이 졸려 사망한 것이다.

과학수사 요원들은 시신에서 범인의 것으로 추정되는 정액을 검출했다. DNA를 확보한 나주경찰서 수사팀은 우선 박양이 사는 동네와 현장 주변의 인물 200여 명과 DNA를 대조하는 일에 나섰다. 하지만 일치하는 대상이 없었다.

이후 수사에 별다른 진척이 없었다. 피해자가 엄마에게 선물로 받아 늘 끼고 다니던 반지마저 나오지 않았다. 당시 강가 주위엔 폐쇄회로 TV가 없었으며 목격자도 나타나지 않았다. 옷가지 등 유류품도 찾을 수 없었다. 사건 당일 오전 3시 30분경 박양이 남성 두 명과 함께 있는 것을 목격했다는 A씨의 진술이 나왔다. 하지만 왜 새벽에 박양이 집을 나섰는지, 어떻게 나주 드들강까지 오게 됐는지를 설명해주는 연결 고리는 나오지 않았다. 이제 유일한 단서였던 범인의 DNA마저 해결의 실마리가 되지 못한 채 사건은 미제로 남는 듯했다. 경찰은 한 달 만에 수사를 접었다.

사건이 발생하고 10년이 넘게 지나 사람들의 뇌리에서 잊혀가던 2012년 9월 대검찰청은 뜻밖의 소식을 경찰에 전해왔다. 강력범들의 DNA를 등록하다가 박양의 시신에서 발견된 DNA와 복역 중인 김 모(2001년 당시 24세) 씨의 DNA가 일치한다는 사실을 발견한 것이다. 2010년 시행된 DNA법(DNA신원확인정보의 이용 및 보호에 관한 법률)에 따라 강력범의 DNA를 동의 없이 데이터베이스화할 수 있었던 덕분이었다. 김씨는 2003년 7월 광주 동구에서 전당포 주인 2명을 살해하고 시체를 유기한 혐의로 붙잡혀 강도살인죄 등으로 무기징역 형을 받고 이미 목포교도소에 수감돼 있었다. 초동수사 당시 한 번도 용의 선상에 오른 적 없는 인물이다. 아니, 차라리 사건이 발생한 이래 유력 용의자가 처음 특정되는 순간이었다.

수사는 급물살을 탔다. 2012년 9월 12일 김씨는 처음 경찰 조사를 받았다. 자신은 박양을 알지 못하고, 만난 적도 없으며, 성폭행해 살해한 사실도 없다며 범행을 완강히 부인했다. 물증이 나왔으니 범행을 순순히 털어놓을 줄 알았던 수사팀은 순간 당황했다. 자신의 DNA가 발견된 것을 두고도 "오래돼 기억나지 않는다. 당시 성관계를 맺은 여러 여성 중 한 명인가 보다"고 얼버무렸다.

사건 전날 박양과 함께 있는 남성들을 본 A씨도 당시 본 사람이 아닌 것 같다고 진술했다.

2012년 10월 29일 그래도 경찰은 김씨를 기소 의견으로 검찰에 송치했다. 그 후 검찰은 2년을 끌다가 2014년 10월 살해의 결정적 증거를 찾지 못했다며 김씨에게 무혐의 처분을 내렸다. DNA 외 직접증거가 발견되지 않았고 목격자 A씨가 아니라고 진술한 것이 타격이 컸다. 수사 관계자는 "김씨가 무기수이기 때문에 (검찰이) 김씨를 불기소 처분한 것이 아닌가 하는 생각이 든다"고 했다.

유가족들은 가만히 있지 않았다. 2009년 딸의 죽음을 슬퍼하던 아버지가 스스로 목숨을 끊은 뒤였다. 성폭행 살인 사건에서 DNA가 일치하는 용의자가 밝혀진 마당에 불기소라니…, 각계에 호소하고 탄원을 냈다. 급기야 2015년 5월 SBS 프로그램 '그것이 알고 싶다'에서 '드들강 살인 사건 미스터리'라는 제목으로 사건을 다뤘다. 방송이 나가자 수사기관은 공분을 샀다. 경찰은 그보다 앞서 유가족의 탄원에 따라 3월 재수사에 착수했다. 이번에는 사건의 공소시효가 문제로 떠올랐다. 당시 살인죄의 공소시효는 15년이었으니 2016년 2월 4일이 지나면 재수사도 무의미했다.

2015년 7월 국회에서 살인죄의 공소시효를 폐지하는 개정 형사소송법인 '태완이법'이 통과하면서 재수사는 시간을 벌게 됐다. 경찰이 김씨를 기소 의견으로 검찰에 재송치한 상태에서, 2016년 3월 광주지방검찰청은 검경 합동 수사본부를 구성해 대대적인 재수사에 들어갔다. 이때 김씨가 사건 당시 광주 박양의 집과 400미터가량 떨어진 같은 동네에 살고 있었다는 점과 동선이 겹쳐 안면이 있었을 것이라는 점이 새로 밝혀진다. 박양의 일기장에서 사건 사흘 전 'M'이라는 표시를 해둔 것이 눈에 띄면서 'magic', 즉 사건 발생 당시 생리 중이었다는 사실도 드러난다.

검찰은 이번에는 김씨의 감방을 압수수색했다. 2016년 4월 27일 감방의 소지품에서 문제의 사진 7장이 나왔다. 김씨가 사건 당일 여자친구와 함께 전남 강진의 외할머니 집을 방문했을 때 찍은 사진이었다. 검찰은 그것을 김씨가 알리바이를 쌓고 자신이 사건과는 무관하다는 정황을 만들기 위해 조작한 것이라 봤다. 김씨는 사진들을 수사기관에 제출하지 않은 상태에서 기소되면 나중에 알리바이용으로 법정에 제출할 계획이었을 것이다.

사건 당시 수사망을 피하기 위해 김씨가 다른 범죄를 저지르고 일단 교도소에서 몸을 숨긴 행적도 확인됐다. 2001년 7월 김씨는 동네의 닭 12마리를 훔치다가 잡혀 1년 6개월을 선고받고 교도소에서 복역했다.

또 검찰은 2년 뒤인 2003년 7월 김씨가 저지른 전당포 살인 사건을 보면 범행 수법이 드들강 사건 때와 비슷하다는 점에 주목했다. 증거를 없애기 위해 피해자의 옷을 모두 벗기고 피해자가 갖고 있던 시계와 금품을 가져간 짓이 똑같았다. 피해자를 강가에 유기하거나 나중 사건에서는 직접 암매장했다는 점에서 범행 수법이 잔인하고 은폐 시도가 끈질겼다.

검찰은 법의학자의 증언도 추가로 확보했다. 이때 검찰에서 "피해자가 성폭행을 당하고 얼마 뒤에 사망했는지 알아봐달라"는 의뢰를 받은 이정빈 단국대 교수(현 가천대 교수)는 사건 당시 경찰 과학수사 요원이 남긴 보고서에서 한 가지 사실에 주목했다. 시신에서 정액과 생리혈이 함께 검출됐는데 그 둘이 섞이지 않고 거즈에 따로따로 묻어 있었다는 내용이었다. 요원이 당시 현장에 출동해 채취한 과정을 최대한 상세히, 있는 그대로 묘사해놓은 것이다. 이교수는 그 지점에서 성폭행과 살해 간의 시간 간격을 알 수 있다고 봤다. 그러면서 만약 생리 중이던 피해자가 성폭행을 당한 뒤 움직였다면 생리혈이 정액과 섞였을 것이라는 가설을 세웠다.

주위에서 실험 대상을 구하지 못한 이교수는 자신의 피를 뽑고 의사인 아들에게 정액을 부탁해 실험을 진행했다. 피와 정액을 맞대어 두었더니 6시간 30분이 넘도록 섞이지 않는 것이 보였다. 하지만 위생팩에 넣고 좌우로 움직였을 때 금방 각자의 형태가 없어지고 완전히 섞여 균질하게 붉은색을 띠었다. 조금만 움직여도 섞일 수밖에 없는데 두 용액이 따로따로 검출됐다는 것은 당시 피해자가 성폭행을 당한 뒤 움직이지 않았다는 것을 뜻하고, 성폭행이 끝난 뒤 바로 살인이 이뤄졌다는 걸 뜻했다. 이교수는 실험 결과를 토대로 성폭행한 이가 살인했을 가능성이 높다고 판단했다. 김씨가 피의자라는 게 확실시되는 상황이었다.

2016년 8월 5일 검찰은 김씨를 강간과 살인 등 혐의로 기소했다. 사건이 발생하고 15년 6개월 만이었다. 그날이 마침 박양의 생일이었고, 어머니는 딸 생일에 좋은 소식을 들었다며 흐뭇해했다. 그때도 김씨는 "박양을 언제, 어디서 만났는지 기억나지 않는다, 억울하다"고 여전히 부인했다.

사건을 맡은 광주지방법원 형사11부는 2017년 1월 검찰의 기소 내용을 대부분 인정했다. 김씨에게 무기징역을 선고하면서 20년간 위치추적 전자장치도 달아야 한다고 명했다. 무엇보다 판결문에는 살인의 직접증거가 나오지 않은 상태에서 개별의 간접 증거를 모아 전체적인 유죄 상황을 형성하고 증거능력을 인정한 법원의 치밀함이 묻어난다. 특히 김씨의 DNA 외에는 목격자도 유류품도 없는 상황에서 재판부는 "성폭행과 살인의 시점이 밀접하다"는 이교수의 증언 내용을 받아들였다.

＊＊＊

사건의 전모는 이랬다. 김씨와 박양은 사건 당일 오전 1시를 전후해 같은 인터넷 사이트에 접속해 채팅하다 만난 사이였다. 물론 이는 김씨가 자백한 내용이 아니라 다음과 같은 사실에서 추정된 것이다. 김씨는 당시 평소에도 그 인터넷 사이트를 통해 만난 여성들과 성관계를 맺었고, 감정을 조절하지 못해 폭력을 쓰다가 상해죄로 두 번이나 처벌받은 전력이 있었다. 박양은 사건 당일 오전 1시 14분 그 인터넷 사이트에서 채팅하다가 나온 접속 기록이 남아 있었다. 오전 3시 30분경 광주 남구 주월동 식육점 앞 노상에서 박양을 차에 태운 김씨는 드들강으로 향했다. 이후 강변에 차를 세우고 차 안에서 박양을 성폭행했고, 이를 감추기 위해 차에서 끌어내 강가로 데려갔다. 김씨는 박양을 물속에 집어넣고 계속 목을 졸라 익사하게 했다.

그리고 알리바이를 만들기 위해 당일 아침 여자친구를 불러 함께 강진 외할머니 집을 방문하고 사진을 찍었다. 나중에 그는 재판을 받을 때 이 사진에 의거해 자신은 사건 당일 범행을 저지를 상황이 아니었다고 주장했다. 하지만 재판부는 김씨가 알리바이를 만들고 재판에서 자신의 무고함을 주장하기 위해 사진을 보관해왔다고 본 검찰과 관점이 달랐다. 검찰의 압수수색에 의해 발견되기 전까지 김씨가 사진의 존재를 그동안 경찰 조사에서 감

법의학자 전면 재감정 의뢰 결과

회신

**"피해자는 성폭행을 당한 직후
살해된 것으로 보아야 한다"**

2016년 검경의 합동 수사본부가 본격적인 재수사를 펼칠 당시 검찰은 법의학자 등에게 '피해자가 성폭행을 당하고 얼마 뒤에 살해됐는지'를 감정해달라고 의뢰했다. 이정빈 교수는 생리혈과 정액이 섞이는 실험을 통해 '성폭행과 살인의 시점이 밀접하다'는 사실을 밝혔다. **사진 MBC 방송 화면 캡처**

춘 것을 보면, 범행 직후 행적을 조작한 증거로서 자신에게 불리하게 작용할 것을 염려해 숨기고 있었다고 판단했다. 사진 중 한 장은 김씨가 집에서 여자친구를 내려다보며 찍은 것이었는데, 결국 이러한 알리바이용 사진 촬영은 재판에서 불리한 정황증거로 인정됐다. 이후 김씨는 수사가 불리하게 진행되자 재판에 대비해 다른 재소자와 함께 예상 신문과 답변에 대해 예행연습을 하기까지 했다.

사건 전날 오후 박양은 친구들과 광주 시내에서 놀았는데 이때 함께 있었던 친구는 박양이 생리 중이었다는 것을 정확히 기억했다. 그때 박양은 휴대폰을 잃어버렸다. 이 증언에 이어 재판부는 이교수의 실험 결과가 보여준 대로 "피해자의 혈액과 상대방의 정액이 섞일 시간적 여유가 없을 정도로 단시간 내에 신체의 움직임이 멈추었다는 사실"과 "그 움직임 멈춤의 원인은 피해자의 사망 때문이라는 사실"을 추정하면서, 김씨가 박양을 드들강 물속으로 끌고 들어가 목을 졸라 살해했다고 판단했다. 또 박양이 사건 당일 오전 3시 30분경 마지막으로 목격됐을 당시 만났던 남자들이 피고인의 일행이 아니더라도 이러한 경위는 김씨의 유죄 인정에 아무런 지장이 없다고 했다.

대법원은 2017년 12월 김씨의 무기징역을 확정했다. 대법원 확정판결이 나온 후에도 김씨는 동료 재소자를 협박했다는 혐의로 벌금형을 받았다. 재수사 당시 수사기관에 자신에게 불리한 진술을 했다는 이유였다. 이번 나주 드들강 사건은 살인죄의 공소시효가 폐지된 후 유죄 판결이 나온 첫 사례다.

사건 일지

2001년 2월 4일 오전 1시 14분경 박양이 인터넷 채팅 사이트에 최종적으로 접속한 뒤 외출한다.

같은 날 오전 3시 30분 광주 남구 주월동 노상에서 범인 김씨가 박양을 자신의 승용차에 태우는 것이 목격된다. 이때 목격한 A씨는 박양이 두 명의 남자와 함께 있다고 진술했고, 처음 김씨를 기소할 당시에는 김씨가 본 사람이 아닌 것 같다고 했다.

같은 날 동틀 무렵 전남 나주 남평읍 드들강 강변에서 김씨가 박양을 성폭행한 뒤 물에 빠뜨리고 목을 졸라 숨지게 한 것으로 추정된다.

같은 날 오후 3시 40분 드들강 강변에서 박양이 옷이 모두 벗겨진 채 숨진 모습으로 발견된다. 그 후 초동수사에서 용의자를 찾지 못해 한 달 만에 경찰 수사가 중단된다.

2003년 7월 김씨가 광주 전당포 주인 2명을 살해한 혐의로 붙잡혀 구속된다. 이때 강도살인죄 등으로 기소되어 무기징역 형을 받고 목포교도소에 수감된다.

2012년 9월 대검찰청이 DNA를 등록하다가 박양의 시신에서 발견된 DNA와 범인 김씨의 DNA가 일치한다는 것을 확인한다. 경찰은 통보를 받고 수사를 재개한다.

9월 12일 경찰은 김씨를 처음 조사한다.

10월 29일 나주경찰서는 김씨를 기소 의견으로 검찰에 송치한다.

2014년 10월 광주지방검찰청 목포지청은 살해의 결정적 증거를 찾지 못해 김씨에게 무혐의 처분을 내린다.

2015년 3월 공소시효가 임박하자 유족이 각계에 탄원하고, 경찰은 재수사에 나선다.

5월 16일 SBS 프로그램 '그것이 알고 싶다'에서 '드들강 살인 사건 미스터리' 편을 방송한다.

7월 국회에서 살인죄의 공소시효를 폐지하는 개정 형사소송법인 '태완이법'이 통과한다.

10월 7일 경찰은 김씨를 기소 의견으로 검찰에 재송치한다.

2016년 2월 4일 태완이법 이전 형사소송법에 따라 사건의 공소시효 15년이 경과한다.

3월 광주지방검찰청은 검경 합동 수사본부를 구성해 대대적인 재수사에 돌입한다.

4월 27일 검찰이 김씨의 감방을 압수수색해 사진 7장을 찾아낸다.

6월 30일 광주지방검찰청이 검찰시민위원회를 열어 해당 사건을 심의한다.

8월 김씨가 광주교도소로 이송돼 수감된다.

8월 5일 검찰이 최종적으로 김씨를 강간 등 살인죄로 기소한다.

12월 26일 검찰은 김씨에게 사형을 구형한다.

2017년 1월 11일 광주지방법원은 김씨에게 무기징역을 선고한다. 이후 광주고등법원은 1심 판결을 그대로 유지하고, 2017년 12월 22일 대법원은 상고를 기각해 무기징역 형을 확정한다.

역사에 묻힐 뻔한 사건에서
용의자를 특정하는 데 결정적

자칫 시간 속에 영원히 묻힐 뻔했던 '나주 드들강 성폭행 살인 사건'의 유력한 용의자를 찾는 데는 DNA법(디엔에이신원확인정보의 이용 및 보호에 관한 법률)이 결정적 역할을 했다. 이 법이 2010년 7월 시행되면서 살인과 성폭력 등 재범 위험이 큰 11개 군 형 확정자 등의 DNA를 채취해 보관할 수 있게 됐다.

사실 '태완이법'이 2015년 국회 본회의를 통과된 것도 DNA를 활용한 과학수사가 본격화된 상황에서 공소시효가 무의하다는 결론이 반영된 덕이 컸다. 하지만 DNA법은 도입 과정이 쉽지 않았다. 사생활을 침해한다는 우려가 계속 제기됐고 데이터베이스 관리의 소관 부서를 둘러싸고 관련 부처들끼리 갈등을 빚었다. 그러다가 2008년 조두순 사건, 2009년 강호순 사건 등 강력범죄가 잇따르면서 흉악 범죄를 단죄해야 한다는 요구가 빗발쳤다. 흉악범을 조기 검거하고 재범을 막아야 한다는 여론이 들끓는 가운데 2009년 12월 DNA법이 국회를 통과하게 됐다.

국가는 이제 재범 우려와 피해 정도가 큰 11개 유형에서 범죄자의 DNA를 채취하고 보관할 수 있다. 살인, 방화, 약취·유인, 강간·추행, 절도·강도, 아동·청소년 대상 성범죄, 마약, 폭력행위 등 처벌에 관한 법률 위반, 특정범죄 가중처벌에 관한 법률 위반, 성폭력처벌법 위반, 군형법 위반 등이다.

DNA법에 따라 유죄 판결이 확정된 수형인의 DNA는 대검찰청이, 구속된 피의자와 범죄 현장 및 유류품에서 채취한 DNA는 경찰과 국립과학수사연구원이 따로 관리한다. DNA 채취는 면봉으로 입 안쪽 상피세포를 긁어내는 식으로 이뤄진다.

화성 연쇄살인 사건의 경우 경찰은 사건 공소시효가 만료된 뒤에도 당시 수집한 증거물들을 계속 보관해왔다. 그러던 중 2019년 7월 30년 넘게 보관해온 증거물을 국립과학수사연구원에 보내 재분석을 의뢰했다. 그런 일이 가능할까 싶었지만 놀랍게도 피해자의 유류품에서 DNA를 채취할 수 있었다. 그리고 여기서 확인한 범인의 DNA를 대검찰청의 수형자 DNA 데이터베이스와 대조해 이춘재를 유력 용의자로 특정했다.

이춘재가 화성 연쇄 사건의 진범으로 밝혀질 당시 그는 1994년 '청주 처제 성폭행 살인 사건'으로 구속돼 부산교도소에서 1급 모범수로 24년째 복역하고 있었다. 교도소 안에서 같이 생활하던 재소자들은 평소 조용하고 말수가 적던 그가 화성 연쇄 사건의 범인이라는 사실을 접하고 놀라움을 감추지 못했다. 1995년 부산교도소에 수감됐지만 이춘재의 DNA는 정부가 데이터베이스를 가동하기 시작한 2010년 이후에나 추출할 수 있었다. 그의 DNA는 2011년 10월 채취됐고 이듬해 1월 수형자 DNA 데이터베이스에 등록됐다.

아이러니하게도 한국에서 DNA 분석을 이용한 개인 식별법이 범죄 사건 감정에 처음 도입된 것은 화성 연쇄살인의 폭풍이 지나간 1991년이었다. 정확히는 그해 7월 당시 국립과학수사연구소에 유전자분석실이 신설되면서부터다. 그 전까지는 의류 등에 묻은 혈흔을 분석해 혈액형을 판정하는 분석법이 최신 기술이었고 과학수사에 대한 기대나 관심 자체가 없었다.

현재는 매년 수사 목적의 DNA 분석을 20만 건 정도 실시하고 있다. 이춘재 사건처럼 30년이 넘은 증거물에서도 DNA 추출이 가능하다. 최근 DNA 시약 민감도가 향상되고 분석 기술이 발전하면서 증거물 보존 상태만 양호하면 채취한 DNA가 소량이어도 분석할 수 있다. PCR 증폭 방식을 쓰면 현장에서 1나노그램(10억 분의 1그램)의 유전자만 확보해도 양을 늘려 분석이 가능하다.

경찰청과 대검찰청의 DNA 데이터베이스에 2019년 말 기준 구속 피의자와 수형자 총 23만 9377명의 DNA 감식 시료가 보관돼 있다. 또 2010년부터 2018년까지 DNA 일치 판정을 받아 수사를 재개한 사건이 5679건에 이른다.

 DNA 수사는 해외에서도 장기 미제 사건의 빈틈을 찾는 데 큰 역할을 해왔다. 미국 수사기관이 최근 DNA 분석으로 해결한 장기 미제 사건 중 가장 유명한 것이 이른바 '골든 스테이트 킬러' 사건이다. 1970년대와 1980년대 캘리포니아주 일대에서 강간 40여 건과 살인 10여 건을 저지른 '골든 스테이트 킬러'가 사건이 발생한 지 42년 만인 2018년 4월 경찰에 체포됐을 때 그는 72세 트럭 수리공으로 평범한 노년을 보내고 있었다. 특히 범인인 조지프 제임스 드앤젤로가 첫 번째 범행을 저지를 당시 현직 경찰이었다는 사실이 드러나 충격을 안겨줬다. 수사 당국은 1980년 캘리포니아주 벤추라 카운티에서 일어난 살인 사건의 현장에서 검출된 DNA를 단서로 수사망을 좁힌 끝에 용의자를 찾아낼 수 있었다.

DNA 분석은 '예비 검사'와 '채취', 유전자를 다른 물질과 분리하는 '전처리', 유전자의 수를 늘리는 '증폭', 유전자 프로파일을 확보하는 '분석' 작업으로 구분된다. **사진 Immo Wegmann**

한국의 장기 미제 11

2022년 6월 20일 1판 2쇄 발행
2019년 10월 11일 1판 1쇄 발행

지은이 한국일보 경찰팀
펴낸이 임후성 **펴낸곳** 북콤마
디자인 *sangsoo* **편집** 김삼수
등록 제406-2012-000090호
주소 (413-756) 경기도 파주시 문발동 파주출판단지 534-2 201호
전화 031-955-1650 **팩스** 0505-300-2750
이메일 bookcomma@naver.com **페이스북** facebook.com/bookcomma
블로그 bookcomma.tistory.com **트위터** @bookcomma
ISBN 979-11-87572-18-3   03300

, BOOKCOMMA

이 도서의 국립중앙도서관 출판예정도서목록(CIP)은 서지정보유통지원시스템 홈페이지(http://seoji.nl.go.kr)와
국가자료종합목록 구축시스템(http://kolis-net.nl.go.kr)에서 이용하실 수 있습니다.
(CIP제어번호 : CIP2019039297)